「男はつらいよ」を旅する

川本三郎

新潮選書

「男はつらいよ」を旅する　目次

「男はつらいよ」を旅する

1　沖縄のことを何も知らなかった

「男はつらいよ」は旅の映画である。

渥美清演じる寅は、日本各地を実によく旅している。北海道から沖縄まで例の古ぼけたトランクを提げ、たいていは雪駄履きで日本の町や村を歩く。

飛行機にはまず乗らない。新幹線にも乗らない。ローカル線の列車やバスに乗る。従って旅先は有名観光地よりも、地味な小さな町が多い。旅好き、それも鉄道の旅が好きな人間としては、「男はつらいよ」を見ると、寅が歩いた町に出かけたくなる。いっとき寅のような自由な風来坊になりたくなる。

本書は寅が旅したさまざまな町を辿ったシネマ紀行文集である。実際に行ってみると、撮影当時の風景がいまだに残っている町、もう消えてしまった町、小さな鉄道がまだ走っている町、廃線になってしまった町、とさまざまだったが、どこも、はじめてなのに前に来たことがあるように感じる懐しい町だった。

瓦屋根の並ぶ町並み、鉄道の小駅、清流、田圃や麦畑、あるいは温泉。山田洋次監督はシリーズを何本も作ってゆくうちに、高度経済成長によって消えてゆく懐しい風景のなかを寅に旅させようとしたのではないかと思う。その意味では、「男はつらいよ」は、消えゆく日本の風景の記録映画でもある。

旅はまず沖縄から始めた。

＊

毎年、夏になると沖縄のシャツ、かりゆしウェアを着る。有楽町にある沖縄の物産店で買ってくる。アロハシャツに似た派手なものだが、涼しいし、案外、年寄りに似合う（と思う）。

もう十年以上、夏はこのかりゆしウェアを着ているのだが、実は、沖縄にはこれまで一度も行ったことがない。一九七二年の本土復帰以来、行く機会は何度かあったのだが、結局は行かなかった。行きたくなかった。

昭和十九年（一九四四）生まれの人間にとっては、沖縄は「戦争の悲劇の島」というイメージが強く、そういうところへ観光に行くのは、なんというか、気が引けた。

七歳年下の亡妻はスキューバ・ダイビングが好きで、夏にはよく友人たちと沖縄の海に潜りに行ったが、そのたびに、「戦争があった島に遊びに行くのか」と怒る最後の戦中派である夫とのあいだにひと悶着があった。

山田洋次監督の「男はつらいよ」シリーズが好きで、渥美清の寅さんが旅したところを長年にわたって訪ね歩いている。アヴァン・タイトルに出てくる小さな町にも行っている。日本国内は、北海道から九州までほぼ旅した。

しかし、シリーズ第二十五作「寅次郎ハイビスカスの花」（80年）で、寅が、旅先で病いに倒れたキャバレー回りの歌手リリー（浅丘ルリ子）を見舞いに行く沖縄にだけは行っていない。「ひめゆりの塔」の悲劇の島に行くのが嫌なのだ。戦争のことを考えるのがつらい。

沖縄の女学生の悲惨な体験が広く知られるようになったのは今井正監督の「ひめゆりの塔」からだろう。この映画が公開された昭和二十八年には小学生だったが、ポスターを見るのも怖かった。当時、大ヒットした映画だが、とても見る勇気はなかった。実はいまだに見ていない。「ひめゆりの塔」だけではない。「戦艦大和」や「人間魚雷回天」「日本戦歿学生の手記　きけ、わだつみの声」といった、当時作られた戦争の悲劇を描く映画はいまだに見る勇気がない。

そんな人間に編集者のT・Kさんが「沖縄に行きませんか。『男はつらいよ』のロケ地を辿るという軽い気持で」と誘ってくれた。

T・Kさんはこれまで何度も沖縄を旅している。車の運転も出来る（沖縄は車がないと動きがとれない）。若い女性の編集者、Hさんも同行してくれるという。この機会を逃したら生涯、沖縄に行けないかもしれない。

決心した。亡妻が何度も通っていた沖縄の海を見てみたいという思いもあった。

六月の末、二泊三日の沖縄の旅をした。

「ひめゆりの塔」と「亀甲墓」

初日、那覇空港に着いてから、T・Kさんの運転するレンタカーで、首里城を見たあと、戦争で亡くなった学徒を慰霊する「ひめゆりの塔」に向かった。

南部のサトウキビ畑のなかを走ってゆくと、やがて青い海が見えてくる。沖縄戦の戦場になったところで、現在、鎮魂の地として数多くの慰霊碑が立てられている。平日だし、雨が降ったためか車の数は少ない。人の姿もあまり見えない。静まりかえっている。

畑の先（糸満市）に「ひめゆりの塔」と「ひめゆり平和祈念資料館」がある。六月末といえば、昭和二十年三月二十三日の米軍による空襲と共に始まった沖縄戦が、多くの犠牲者を出したあとに終った時でもある。六月二十三日は慰霊の日。

資料館は沖縄らしい赤い瓦屋根の瀟洒な建物だった。雨のなか、さまざまな色の花に包まれている。館の前の慰霊碑に手を合わせる。

なかに入ると、さすがに足がすくむ。

亡くなった女学生たちの一人一人の写真が展示された部屋に入ると粛然とする。おかっぱやおさげの少女たちがじっとこちらを見ているよう。なかには写真のない女生徒もいる。

見学者が何人かいるが誰もが黙然としている。見習い看護婦として動員された女学生たちは、待ち受けている極限状況を想像出来ず、家から勉強のための学用品や歯ブラシを持っていった。それが遺品として展示されている。言葉を失う。

資料館は一九八九年に開館した。戦争が終わって四十年以上、たっている。なぜそんなに遅れたのか。館で出版している図録を読んでいて分かった。

戦争を幸いにも生き残った女学生もいたが、戦後、彼女たちは「多くの学友が戦場に倒れたのに自分だけが生き残ってしまった」という自責の念にとらわれ、戦争体験を語ることはほとんどなかった。

それが学友たちの三十三回忌を終えたころから「亡き友の遺影を集め、生きた証《あかし》として残そう」という気持が強くなり、資料館の開館になっていったという。


資料館を出て那覇に戻る。

車で走っているとあちこちにコンクリート製らしい家のミニチュアのようなものが見える。T・Kさんに聞くと墓だという。これが「亀甲墓《かめこうばか》」か。先祖を大事にする沖縄の人は、墓を小さな家のような立派なものにする。亀の甲のように見えるので「亀甲墓」と呼ばれる。

沖縄出身の作家、大城立裕の作品集『普天間よ』(新潮社、二〇一一年)の一篇「夏草」によると、沖縄の随所に作られたこの「亀甲墓」は、戦時中、自然の洞窟(ガマ)と同じように、米軍の攻撃を避ける避難先になったという。一種の防空壕である。

那覇に戻り、市内を走っている時、車から外を眺めていると、ある公園のなかにSLが静態保存されているのが見えた。沖縄にSLが!? 沖縄にSLが走っていた筈はない。それなのになぜ。鉄道好きとしては気になる。

その夜は、那覇の繁華街、国際通りのホテルに泊った。

翌朝、与儀《よぎ》公園というその公園に行ってみた。沖縄は鉄道とは縁が薄い。戦後、二〇〇三年に那覇市内にモノレール(ゆいレール)が出来るまで長く鉄道はなかった。そのため鹿児島を走る

ＪＲ指宿枕崎線の西大山駅が長く「日本最南端の駅」を謳っていた。この駅には二年前に行ったが、ゆいレールが出来たためホームに立つ標柱は、「ＪＲ日本最南端の駅」にかわっていた（現在、「日本最南端の駅」はゆいレールの赤嶺駅）。

朝、ホテルを出て、牧志《まきし》駅から次の安里《あさと》駅まで一駅だけだが、ゆいレールに乗る。高架を走る。安里駅を降りると広い通りがあり、「ひめゆり通り」と名付けられている。

ひめゆり学徒隊となった沖縄師範学校女子部と県立第一高女は現在の安里駅のすぐ近く、栄町市場があるあたりにあったという（「ひめゆり」は両校の愛称）。

このひめゆり通りを南に少し下った与儀公園のなかにＳＬが置かれていた。大きなＤ51（デごいち）ではないか！　なぜ沖縄にＳＬが。

案内板にはこう記されていた。一九七二年五月、沖縄の本土復帰の際、沖縄の小学生が当時の国鉄職員によって現在の北九州市に招かれた。小学生たちはそこではじめて大きなＳＬを見て感動した。そこで国鉄の鉄道員たちが沖縄の子供にＳＬを贈った、と。

なるほど、それで公園のなかにＤ51があったのか。よく清掃されているのだろう、蒸気機関車はぴかぴかだった。

二〇一五年に出版された松村洋の力作評論『日本鉄道歌謡史』（みすず書房）で知ったことだが、フォーク歌手の友部正人にはこの与儀公園の蒸気機関車を歌った「公園のＤ51」という歌があるという。

三本の軽便鉄道

沖縄に鉄道は走っていなかった。

そう書いたが、実はそれは間違いだった。長いこと、鉄道はないと思いこんでいたのだが、ひめゆり平和祈念資料館に展示された写真のなかの一枚が目にとまった。

戦争が激しくなる前、学校での女学生たちを撮影した写真があるのだが、それをよく見ると、うしろを小さな蒸気機関車が走っている。これには驚いた。戦前の沖縄に鉄道が走っていた！

説明を読むと「戦前の沖縄には軽便鉄道という小型の鉄道があり、遠距離から通学する生徒が利用していた」とある。

戦前の沖縄に軽便鉄道が走っていたとは知らなかった。旅から帰って、一九八九年に出版された宮脇俊三の『失われた鉄道を求めて』（文藝春秋）を読んでみた。最初の章が「沖縄県営鉄道」で、宮脇氏も長く、沖縄には鉄道がない、と思いこんでいた。その後、戦前には軽便鉄道が走っていたと知り、廃線を辿るために一九八〇年代にはじめて、沖縄に出かけたとある。

やはり旅から帰って、この沖縄の軽便鉄道について書かれた本がないかと神保町にある書泉グランデの鉄道本フロアに出かけると、素晴しい絵本があった。

絵・松崎洋作、文・ゆたかはじめ『沖縄軽便鉄道』（海鳥社、二〇〇九年）。戦争でなくなるまで沖縄には三本の軽便鉄道が走っていた（沖縄では「ケイビン」と言っていたという）。その三本、与那原線、嘉手納《かでな》線、糸満線の各駅三十三景が、ほのぼのとした色彩豊かな絵で紹介されている。思わず見入った。

いま、ゆいレールの安里駅のあるところには昔、ケイビン嘉手納線の安里駅があったという。その小さな駅には、列車を待つ二人のセーラー服の女学生が描かれている。そうか、「ひめゆり」の生徒たちは軽便鉄道で通学していたのか。ひめゆりの女学生と現代の人間が、鉄道でつながっている想いがした。

与儀公園でD51を見たあと、国際通りのホテルまで戻る。ビルが建ち並び、車が走る大通りの横に、小さな、静かな通りがある。

石畳になっていて、両側に、古い瓦屋根の焼物店が並ぶ。偶然、入りこんだ通りだったのだが、そこが那覇の「壺屋やちむん通り」だった。昨日、最初に訪れた首里城周辺と同じように石畳の通りが美しく、どこか、懐しい。「やちむん」とは「焼物」のこと。琉球王府が焼物の振興のため職人をここに集めたのが始まりという。店には御大層な焼物ではなく、皿や碗など日常用品が並べられている。

この通りを抜けると、公設市場のにぎやかな一画になる。沖縄でいう「まちぐゎー」。魚や島野菜と一緒に、豚の顔皮（チラガー）が売られているのに驚く。

「男はつらいよ　寅次郎ハイビスカスの花」では寅が、この一画にある新天地市場本通りで店を開いている。

二〇〇六年に公開された青春映画「涙《なだ》そうそう」（土井裕泰監督）では妻夫木聡演じる若者が、那覇の公設市場のひとつで働いていた。沖縄を舞台にした映画というと、どうしても基地問題や戦争が主題になることが多かったのだが、一九九〇年代に入ると、椎名誠が監督した「うみ・そら・さんごのいいつたえ」（91年）や、中江裕司監督の「ナビィの恋」（99年）のような、沖縄の普通の暮しをとらえようとする映画が増えてきた。「涙そうそう」もそういう肩に力が入らない沖縄映画だったし、二〇一四年九月に公開された大谷健太郎監督の沖縄を舞台にした青春映画「がじまる食堂の恋」も、ほとんど基地問題に関わらない。それだけ若い世代に、沖縄は普通に、身近になったとも言えるだろう。

戦争と日常の共存

それでも現実の沖縄はいまだに基地の島である。二日目は、公設市場を歩いたあと、普天間《ふてんま》基地、嘉手納基地、キャンプハンセン、普天間の移転先の候補になっている辺野古《へのこ》を見て回る。

普天間基地は宜野湾《ぎのわん》市の真中に位置している。基地を見下せる嘉数《かかず》高台公園から見ると、ビルや住宅に囲まれているのがよく分かる。基地のすぐ隣りに小学校、大学、市役所がある。銀座のなかに基地があるといっても大仰ではない。

大城立裕の『普天間よ』によれば、この基地は戦後、米軍が旧日本軍の飛行場を接収したものだが、一九四九年に中国の革命によって中華人民共和国が成立したのを受け、それに対処するため急遽、整備、拡張されていったという。

二〇〇四年にこの基地から飛び立ったヘリコプターが墜落した沖縄国際大学は、一九七二年、「祖国復帰」の年に開校したが、当時、普天間の住人には、「日本復帰を間近にして、この飛行場が将来こんなに膨れ上がるとは思われなかったのだろう」（『普天間よ』）とある。

基地を見下す嘉数高台公園は、米軍の上陸のあと激しい戦闘が行なわれたところで、石垣には弾痕が刻まれているし、林のなかにはトーチカも残っている。

高台の上には実に多くの慰霊碑が建てられている。「京都の塔」とあるから、なんだろうと思ったら京都出身の戦死者の慰霊塔だった。島根出身者の碑もあったし、在日の碑もある。基地の見える丘が、多くの死者を出した激戦の地だったとは。

他方で、公園を見るとお年寄たちがゲートボールを楽しんでいる。手製のカレーライスを食べている。その平和な光景に心なごむ。ここでは、戦争と日常が普通に共存している。

普天間基地から北に走る。沖縄本島の西の海に沿って走る。

北谷《ちゃたん》の町には、美浜アメリカンビレッジというアミューズメント・エリアがある。ショッピングモールやシネコン、大きな観覧車もある。「涙そうそう」では妻夫木聡が恋人の麻生久美子と、妹の長澤まさみと三人でここに遊びに来ている。北谷にも米軍は上陸している。そこにいま遊園地が作られている。

「基地」と「観光」

アメリカンビレッジを通り過ぎるとやがて嘉手納基地が見えてくる。

普天間基地よりはるかに大きい。

ベトナム戦争の時には、この基地からB52が〝日帰り〟で北ベトナムへの爆撃（北爆）を繰返していた。

その巨大な基地を目の前にすると、学生時代、ベトナム戦争反対のデモに参加した世代としては心穏やかではなくなる。

沖縄行きに当たって、いくつかのガイドブックを見たのだが、多くの場合、基地の記述がほとんどない。地図には「基地」ではなく「飛行場」と記されている。「観光」には「基地」は不似合なのだろう。目の前にこれほど巨大な基地があるのに、それに目をつぶっている。

嘉手納基地のすぐ隣りに「道の駅かでな」という四階建ての建物があった。レストランやみやげもの屋が入っている。

屋上に上がってみて驚いた。

目の前に、米軍の重要な基地が〝丸見え〟。しかも、カメラを持った人間が大勢いて、離着陸する戦闘機に堂々とカメラを向け、シャッターを押している。

カメラには長い望遠レンズが付いている。何やら無線で連絡を取り合っている。飛行機マニアか、軍事おたくか。日本人だけではなく西洋人もいる。

さらに驚いたことには、売店では、彼らが撮ったものか、戦闘機やオスプレイのカラー写真が、みやげものの品として売られている。店内にはいたるところにその写真が張ってある。「基地」が「観光」の対象になっている。この「道の駅」は二〇〇三年に出来たというが、これまで何人ぐらい「基地」を「観光」したのだろう。その商魂のたくましさには、唖然とさせられる。

池澤夏樹の力作長篇『カデナ』（新潮社、二〇〇九年）は、一九六八年、ベトナム戦争さなかの嘉手納基地を舞台にしている。

連日のように北爆へ出撃してゆくB52のパイロット。反戦のスパイ活動をするアメリカ兵の女性。さらに脱走兵と、それを支援する人々。そこには戦時下の緊張感があったが、いま、アメリカンビレッジの大観覧車や、「道の駅」で売られている戦闘機のカラー写真を見ると、平和な時代なのか、単に戦争が見えにくくなっている時代なのか、頭が混乱する。

リリーが職探しをした町

嘉手納基地から北東へ車で約一時間、沖縄本島のほぼ真中、東の海に面してキャンプハンセンがある。

ゲート前には米兵相手の商店（質屋、眼鏡屋など）や飲食店が並ぶ。「寅次郎ハイビスカスの花」で、浅丘ルリ子演じるキャバレー回りの歌手リリーが職探しで歩くのがここ。

念願の「男はつらいよ」ロケ地にたどり着いたのだが、そのさびれようは悲しくなるほど。キャバレー、クラブの多くは店じまいしている。もはや廃墟のようになってしまった店もある。

わずかに、一九八〇年代にここから始まったというタコライス発祥の店が何軒か開いているくらい。シャッター通り商店街になっている。いまリリーがここで仕事を見つけることはできないだろう。

町がさびれたのは、アメリカ兵が基地のなかで遊ぶようになり、町に出なくなったからだという。円高も一因だろう。

キャンプハンセンからさらに北東に三十分ほど車で走ると辺野古の海になる。思ったよりも寂しいところ。名護市といっても反対側の西海岸に面したにぎやかな中心街に比べると別の町のよう。海が穏やかに広がっている。

大城立裕の『普天間よ』では沖縄の新聞記者が言う。「辺野古の海は絶妙に美しいんだがね（中略）世界の財産といってよい珊瑚とジュゴンの楽園を、防衛省は容赦なく潰そうとしている……」。

辺野古の海の前に立つとこの言葉が思い出される。キャンプハンセンのゲート前のあのさびれた商店街を見ると、基地に依存する町づくりという考えも今では問題があるようだ。

海の見える集落で

「寅次郎ハイビスカスの花」では、寅とリリーは、沖縄の海の見える集落の一軒家を借りて、ままごとの夫婦のような暮しをする。ロケされたのは、北部の本部町《もとぶ》。のちに海洋博が開かれ、現在、日本でも有数の水族館、沖縄美ら海《ちゅうみ》水族館のあるあたり。

基地めぐりをした日の夜は、この本部町のホテルに泊った。海の見えるリゾート・ホテル。こういうホテルのレストランで食事とはつまらないなと思っていたら、T・Kさんがホテルのまわりを歩いて、いい居酒屋を探してきてくれた。

こんなところによく居酒屋があると驚くような町はずれの一軒家。プロ野球のキャンプ地に近く、野球の選手がよく訪れるらしい。ユニフォーム姿の王や長嶋の写真が飾ってある。この店の庶民的な沖縄料理はおいしかった。Hさんが評したように「ジャンク・フードの味」なのだが、ビールによく合った。

翌日、那覇に戻る。

市内の「対馬丸記念館」に行く。昭和十九年八月、集団疎開で九州に向かう子供たちを乗せた対馬丸が米軍の潜水艦の魚雷攻撃を受け、子供たちをはじめ乗船者一四〇〇名以上が海に沈んだ。その死者を追悼している。

ちょうどわれわれが沖縄を訪れていた時、天皇皇后両陛下が沖縄を訪問されていた。十回目で、今回は、この「対馬丸記念館」にも行かれたという。

「ひめゆり平和祈念資料館」の時と同様、ここでも足が重くなってしまう。子供たち一人一人の顔写真が展示されている部屋では、その「視線」に射すくめられる。

生存者の証言もある。「生き残ったことが申訳なく、そのあと町を歩くのがつらかった」。戦争は生き残った者も苦しめる。

今回、はじめての沖縄行きだったが、結局、自分がいかに沖縄のことを知らないかを思い知らされた。「戦争の悲劇に触れるのはつらい、怖い」と、ただ、沖縄を避けてきただけだった。また出かけてみなくては。

2　すべては柴又に始まる

「男はつらいよ」が好きだと言うのは、実は評論家として勇気がいる。「あんな、なまぬるい映画のどこがいい」と批判する評論家がいまだに多いから。

いっときは「隠れ寅さんファン」と自嘲していたが、年齢《とし》を重ねるにつれ「カミングアウト」出来るようになった。

「男はつらいよ」は第五作の「望郷篇」(70年、長山藍子主演)あたりから渥美清の寅が本格的に地方へ旅をするようになった。この映画では北海道の小樽とその周辺に出かけた。小樽駅を出た函館本線の蒸気機関車が銀山、小沢《こざわ》と走る姿がとらえられ、鉄道好きを喜ばせた(現在では、函館本線を蒸気機関車が走ることは観光列車を除いて、もうない)。

以後、寅は日本各地を旅するようになり、「男はつらいよ」はロードムービーの魅力を持ってくる。しかも寅は鉄道、それもローカル線によく乗る。鉄道の旅が好きな人間としては同好の士を見る思いがした。寅が歩いた町を辿ることが、ささやかな楽しみになった。これまで北海道から沖縄まで寅が旅したところの大半に行っている。昔風に言えば歌枕を辿る旅である。

山田洋次監督の「男はつらいよ」の第一作(脚本は山田洋次と森崎東)が公開されたのは一九

六九年の八月。もう五十年近くも前のことになる。

よく知られるようにもともとはテレビドラマ。原案、脚本は山田洋次。演出は小林俊一（映画の第四作「新　男はつらいよ」〈70年〉を監督する）。企画には渥美清が参加した。主人公をテキヤにするのは、渥美清の考えによったという。戦後の浅草や上野あたりで商売をしていたテキヤの口上が面白く印象に残っていた。

最終回（六九年三月二十七日放映）で寅は奄美大島にハブを捕まえに行き、逆に嚙まれて死んでしまう。この終わり方に視聴者から「なぜ寅を殺した」とフジテレビに抗議が殺到した。いまや伝説化しているが、どこかの親分が「いまから若いもんがお前んとこに行く」と電話してきたほど。作り手が予想していた以上に寅さん人気があったことになる。うれしい驚きだったろう。

この思わぬ人気を受けて松竹で映画化することになった。監督は無論、山田洋次。テレビ放映が終わった直後のこと。会社側は二番煎じではないか、テキヤは松竹のカラーに合うかどうかと危惧したが、公開するや大ヒット。以後、シリーズ化して最後の作品、阪神・淡路大震災のあった一九九五年の「寅次郎　紅《くれない》の花」まで全四十八本作られるのは御存知の通り。

ニャロメに通じる魅力

第一作が公開された一九六九年の四月、私は朝日新聞社に入社し、「週刊朝日」に配属された。この年の一月に全共闘の学生たちによる東大安田講堂事件があり、物情騒然とした時代だった。ベトナム反戦運動も高まった。

そんななか「男はつらいよ」を見た。当時は東映やくざ映画の全盛期で、見る前は、正直なところ期待していなかった。やくざ映画のパロディぐらいにしか思っていなかった。ところが予想以上に面白かった。フーテンの寅の三枚目ぶりは、若い世代に人気があった赤塚不二夫の漫画「もーれつア太郎」(「週刊少年サンデー」連載)に登場する愛すべき猫、ニャロメに通じる道化の魅力があった。東映やくざ映画の男たちがまなじり決し、深刻な顔をして戦うのに、寅さんは、ここぞというところでころぶ。挫折する。負ける。そこが愉快だった。

腹ちがいの妹さくら(倍賞千恵子)の見合いの席で酔っ払い、こんなことを言うのが可笑しくて悲しい。「あたしのおやじってのはね、大変な女道楽、あたしのおふくろってのは芸者なんですよ」「おやじがへべれけの時、あたしはつくった子どもなんだってさ」「真面目にやってもらいたかったよ、本当に」。出生の秘密は悲劇の原点だが、これでは悲劇になりようがない。

「男はつらいよ」は大ヒット。といっても当初の観客動員は約五十万人。それが第八作「寅次郎恋歌」(71年、池内淳子主演)で百万人を超え、第十作「寅次郎夢枕」(72年、八千草薫主演)では二百万人を突破する。

「男はつらいよ」のヒットを受け、すぐに「続 男はつらいよ」(69年、佐藤オリエ主演)、「男はつらいよ フーテンの寅」(70年、森崎東監督、新珠三千代主演)が作られた。

どれも面白かった。しかし、当時の映画ファンのあいだでは大島渚やゴダール、あるいは東映やくざを語ることが盛んだったから「『男はつらいよ』が好き」とはなかなか言えなかった。実際、朝日新聞社のもうひとつの週刊誌「アサヒグラフ」では、よく高倉健や藤純子の写真を載せていた。

「男はつらいよ」のファンは肩身が狭かった。それでも、三作が公開されたあと、一九七〇年になってなんとか「週刊朝日」で記事にしたいと思い、編集会議に企画を出したら、幸いデスクの一人に渥美清好きがいて、企画が通った。

大船の松竹撮影所（いまはない）に行き、第四作「新　男はつらいよ」（栗原小巻主演）の撮影の合い間に、渥美清にインタビューすることが出来た。

記事は「週刊朝日」一九七〇年二月二十七日号に載った。三頁《ページ》。見出しに「馬鹿が泣きます、がんばります」「映画『男はつらいよ』で評判の渥美清の〝かっこわるさ〟」とある。「男はつらいよ」が映画雑誌ではなく、週刊誌の記事になった早い例ではないかと思う。

全共闘の学生の「活動やって疲れた時には寅のような馬鹿なやつに共感出来る」という意のコメントを入れているのはあの時代らしい。他方で、作家、藤本義一の「毒にも薬にもならない感じ。そう、寒いから風呂屋にでも行ってちょっとあったまってくるか、みたいなもん」という批判も紹介している。

「男はつらいよ」の評論家のあいだでの評価は当時もいまも変らない。「面白い」と「なまぬるい」の両極に分かれる。

私自身は、寅さんの負け犬ぶりにいまだに共感する。第一作で寅は、柴又の帝釈天《たいしゃくてん》（題経寺《だいきょうじ》）の御前様と呼ばれる住職（笠智衆）のお嬢さん（光本幸子）に惚れる。高望みである。これは、阪東妻三郎や三船敏郎らによって映画化された岩下俊作の『富島松五郎伝』（のち『無法松の一

渥美清に取材する著者（左）。中央は栗原小巻。

生』と改題）を受けている。暴れん坊の車引きが、身分違いの軍人の未亡人を好きになってしまう。寅こと、車寅次郎の「車」はこの車引きからとられている。

御前様のお嬢さんに惚れた寅は、最後、手ひどく振られる。恥をさらしたので、もう柴又にいられなくなり旅に出る。

上野駅の地下にある安食堂で、付いてきた弟分（津坂匡章）を追い返したあと、一人、ラーメンをすする。そのうちに自分のみじめさにこらえ切れずに泣き出してしまう。泣けば泣くほどみじめさが増すのに涙がとまらない。ラーメンと涙がまじり合ってしまう。

このぶざまさに、はじめて見た時、胸が詰まった。いまでもこの場面では、それまでの笑いが涙に変わる。まさに主題歌（山本直純作曲、星野哲郎作詞）にあるように「奮闘努力の甲斐もなく、今日も涙の日が落ちる」。

渥美清の寅は高倉健の毅然としたやくざとは対照的な、情けない負け犬だった。第三作「フーテンの寅」の冒頭（アヴァン・タイトル）も情けなくて悲しくなる。

晩秋、寅は信州を旅し、古ぼけた商人宿に泊る。風邪をひいて寝込んでいる。ひとり旅の夜風が身に沁みる。窓の障子が開いているので閉めようとして指を挟んでしまう。痛っ。思わずくしゃみをする。その途端、ガタがきた障子が頭の上に落ちてくる。泣きっつらにはち。ひとり呟く。「落ち目だなあ」。滑稽でいてなんとも切ない。

私自身、七二年の一月、公安事件で逮捕され、会社を辞めさせられるのだから、寅のラーメンと入りまじった涙も、「落ち目だなあ」という呟きも他人事には思えなかった。高倉健のようになりたいと思っても、結局は渥美清になってしまう。主題歌にあるように「どぶに落ちても根のあるやつは、いつかは蓮《はちす》の花と咲く」と思うしかない。

「近所田舎」を舞台に

「男はつらいよ」の舞台、「東京は、葛飾柴又」は、この映画を見るまで知らなかった。東京の西、杉並区に育った人間には、東の柴又は遠かった。多くの東京人も「男はつらいよ」で有名になるまで知らなかったのではないだろうか。

山田洋次監督も知らなかった。

一九五八年の松竹映画、下町のハモニカ工場で働く少女を主人公にした、井上和男監督、桑野みゆき主演の「明日をつくる少女」を作る時、脚本を書いた若き日の山田洋次は、原作者の早乙女勝元と知り合った。

東京大空襲の記録で知られる早乙女は下町の生まれ。当時、葛飾区の新宿《にいじゅく》に住んでいた。ある時、山田洋次を家から歩いて十分ほどの柴又に案内した。

「畑や雑草地だらけの道を柴又駅に出て、すぐ鼻先の参道のアーチをくぐると、両側に草だんご屋やみやげ物屋が何軒か、ひくい軒をつらねていた。客足が少ないせいか、どの店も閑散たるもの。いつ来るかわからぬ客のために、店番は置いておけず、声をかければ奥から出てくるような具合だった」（「柴又」、「東京新聞」二〇一〇年十二月十一日）。

昭和三十年代のなかば頃、柴又はまだ「閑散たるもの」だった。その寂しさに詩情を見たのだろう。山田洋次は「男はつらいよ」を作る時に、ここを寅さんの故郷に決めた。

柴又は決して下町ではない。本来の下町である日本橋あたりの人間に言わせれば、隅田川の向う、さらに荒川（放水路）の東など、市中から遠く離れた「近所田舎」である。

実際、明治から昭和戦前の長きにわたって柴又は、東京の市中の人間が帝釈天参りという行楽に出かけるところだった。

明治末に書かれた夏目漱石の『彼岸過迄』では主人公の青年、敬太郎が、友人の須永と江戸川べりの柴又に遊びに行くくだりがある。二人は堤の上を歩き、帝釈天を参詣し、現在も健在の川魚料理屋「川甚《かわじん》」でうなぎを食べる。郊外の行楽地だったことが分かる。

戦後に書かれた林芙美子の短篇『晩菊』では、元芸者でいまは小金を人に貸している主人公のきんのところへ来た昔の恋人が「君と、柴又の川甚へ行った事があったね」と戦前のことを思い出している。東京近郊の地だったと分かる。

「川甚」は江戸時代から続く老舗。第一作「男はつらいよ」では、さくらと博（前田吟）の結婚披露宴がここで行なわれる。第二十八作「寅次郎紙風船」（81年、音無美紀子主演）では、寅の柴又小学校の同窓会がここで開かれている（同窓生は東八郎、犬塚弘、前田武彦ら）。

柴又には「川甚」の他にもう一軒、「川千家《かわちや》」というやはり江戸時代から続く老舗の川魚料理屋がある。こちらは第二十三作「翔んでる寅次郎」（79年）で、主演の桃井かおりとその恋人、布施明の結婚披露宴が行なわれている。

江戸時代から続く川魚料理屋が二軒もあるということは、柴又が下町であるというより近所田舎だったことをよくあらわしている。

帝釈天の裏手を流れる江戸川では、戦前、大学のボート部がよく練習した。「葛飾柴又展」の図録（葛飾区郷土と天文の博物館、一九九一年）によれば、学生がボートの練習をし、そのあと川魚料理屋でくつろぐのは、大正時代の流行だったという。尾崎士郎の『人生劇場』にその様子が描かれている。

慶應の学生が「川千家」をよく利用したのに対し、旧制一高の学生は「川甚」をひいきにした。このふたつの店は親戚関係にあるという。

尾崎士郎と言えば、帝釈天の境内に文学碑があるが、『人生劇場』の縁。作中、主人公の瓢吉は「柳水亭」の「女中」に恋をするが、この店のモデルが「川甚」。

江戸川の桜

「週刊朝日」に「男はつらいよ」の記事を書いた時、柴又にも行った。はじめてだった。江戸川が流れ、江戸初期に創建された帝釈天があり、門前の商店街がある。東京にまだこんな、のどかな町があるのかと感動した。

それで、当時、杉並区の阿佐谷の親元に住んでいたのだが、無性に柴又に住みたくなり、いいアパートがないか、何軒か不動産屋を歩いてみた。残念ながら、他所者《よそもの》を受入れてくれるような格好の物件はなかった。

まだ静かな町で、土地の人だけの小さな共同体が出来ていたのだと思う。

第一作の「男はつらいよ」は冒頭、寅のこんなナレーションが流れる。

「桜が咲いております。懐しい葛飾の桜が今年も咲いております。思い起こせば二十年前、つまらねぇことで親父と大喧嘩、頭を血の出るほどブン殴られて、そのまんまプイッと家《うち》をおん出て、もう一生、帰らねぇ覚悟でおりましたものの、花の咲く頃になると、決まって思い出すのは故郷のこと……。ガキの時分、洟ったれ仲間を相手に暴れまわった水元公園や江戸川の土手や帝釈様の境内のことでございました」「そうです。わたくしの故郷と申しますのは、東京、葛飾の柴又でございます」

この言葉を受けるように、カメラは江戸川の土手に立つ寅の目で、柴又の町をとらえる。いま改めて驚くのはカラー映画なのに、ここだけ古ぼけた写真のようにセピア色がかっていること。新しい映画なのにあえて古く見せている。柴又の町には高い建物はほとんどなく、瓦屋根の家が並んでいる。一九六四年の東京オリンピックのあと急激な都市改造で変わった東京のなかで、この町だけは昔の町並みを残している。

このあたりは東京空襲の被害をほとんど受けていない。そのため、戦前の家が残っている。それがこの町を「懐しい」と感じさせるのだろう。

もともと葛飾区は、関東大震災の時に被害が少なく、被害が大きかった本所深川から多くの住民が移り住んだ。人口が増えた結果、昭和七年（一九三二）に葛飾区が成立した。

同じようなことが東京空襲によっても起きた。空襲の被害を受けた本所深川などの下町から、戦後、多くの住民が移って来た。江東区や墨田区、台東区が旧下町と呼ばれるのに対し、葛飾区は新下町と呼ばれるようになった。ただ、葛飾区のなかでも東のはずれにある柴又は、まだ新下町とも呼べない、昔ながらの町並みを残していた。

第六作「純情篇」（71年、若尾文子主演）には、とらやの一同が茶の間のテレビで「ふるさとの川　江戸川」という番組を見る場面がある（ちなみに、おいちゃんの店は、三十九作まで「とらや」。そのあと「くるまや」に変わる）。

そのドキュメンタリー番組では「この江戸川のほとりに周囲の繁栄から取り残されたような町、柴又があります」と説明が入る。

一九七〇年代のはじめでもまだこの町は、「周囲の繁栄から取り残されたような町」とされていた。「純情篇」の翌年、七二年に公開された第九作「柴又慕情」（吉永小百合主演）には、この町がまだ「近所田舎」で都市化されていない興味深い場面がある。

寅が久しぶりに柴又に帰ってくる。とらやに入ろうとすると、「貸間あり」の札が下がっている。おいちゃん（松村達雄）とおばちゃん（三崎千恵子）が、いつも空き部屋になっている寅の部屋を人に貸そうとしている。

自分の居場所がなくなったとひがんだ寅は、とらやを出て下宿すると大見得を切る。早速、部屋探しにあちこち不動産屋をまわるのだが、どこへ行っても一人暮しの寅に向く、安い家賃の部屋はない。三軒目でようやくいい部屋があると不動産屋（佐山俊二）に連れてゆかれたところはなんと、とらや。

笑わせる場面だが、このくだりは当時の柴又はまだ昔ながらの小さな共同体であり、単身者を受け入れる余地がなかったことを語っている。私が若い頃、部屋探しをしても、いい物件がなかったことを思い出す。

おいちゃん夫婦が部屋を人に貸し、家賃収入を得ようとしたのは、アパート暮しをしているさくら夫婦が子供も育ち、なんとか戸建てに住みたいと思っているのを知り、資金援助したいと考えたから。

結局、寅が気分を害したのでこの計画は駄目になり、さくら夫婦はアパート暮しを続ける。二人がようやく戸建ての家を持てるのはそれから八年後。第二十六作「寅次郎かもめ歌」(80年、伊藤蘭主演)で、二人は晴れて中古の戸建てを手に入れる。さくらが「ローン」のことを「月賦」と言うのが面白い。

さくらは寅を新居へ案内する。「(とらやの)すぐ近く。題経寺の南」と言っている。現在の北総鉄道の新柴又駅の近く。江戸川に近い。驚くのは、この時点でもまだ家のまわりに畑が残っていること。八〇年代に入ろうとしているのにまだ「近所田舎」の雰囲気を残している。ちなみに、撮影に使われた二人の家は、のち平成三年(一九九一)に北総鉄道(京成高砂—新鎌ヶ谷)開通の折りになくなった。現在ではもうこのあたりに畑を見つけるのは難しい。

水郷、葛飾

第一作の冒頭で寅が「ガキの時分、洟ったれ仲間を相手に暴れまわった水元公園や江戸川の土手」と言っているように、柴又は江戸川に沿った町。川を渡ると千葉県の松戸市。川には柴又と松戸を結ぶ矢切の渡しがあり、現在も観光用に和舟が川を往復する。第一作では寅がこの舟に乗って柴又に帰ってくる（なんとネクタイをしている！）。

「男はつらいよ」には江戸川が繰返し登場する。冒頭のタイトルシーンでは寅が河川敷を歩く。さくらはよく自転車で堤を走る。寅が惚れてしまう女性たちも柴又に来ると堤を歩く。

このあたりには、江戸川の水を金町浄水場に取り入れる取水塔が二つあり、ランドマークになっている。トンガリ帽子のような第二取水塔（昭和十六年竣工）と、麦藁帽子のような第三取水塔（昭和三十九年竣工）。映画のなかでも、柴又の目印になっている。第一取水塔はいまはない。

昭和九年（一九三四）の松竹の家庭劇、島津保次郎監督「隣の八重ちゃん」には、大学生の大日《おび》方傳《なたでん》が年上の女性、岡田嘉子と一日、江戸川べりに遊びに行く場面があり、二人が座る草土手の向うにくっきりと第一取水塔が見える。

江戸川は東京都と千葉県の県境を流れる。千葉県の北端（野田市の関宿《せきやど》あたり）で利根川から分かれ、東京湾に入る。全長約六十キロ。この間の高低差は十メートルほどしかない。東京都の西端を流れる多摩川が、河口と四十キロ離れた上流の日野市との高低差が百メートルもあることを考えると、ゆったりとした流れだと分かる。「男はつらいよ」に合っている。

柴又の上流にあるのが水元公園。第一作では寅がここで御前様のお嬢さんとボートに乗る。芝木好子の『葛飾の女』では主人公の女性画家がここで入水自殺をする。水元公園の入り口にはこの小説の一節を記した文学碑がある。

「菖蒲の咲く頃の葛飾は美しい　田園は青葉に霞んで　雲雀が鳴く　堤の桜も花見のころは人が

出盛ったが　それも過ぎると　水に柳の眺めよい季節になる　沼地の多い土地柄で　田の畦にも菖蒲が咲いた」

まさに葛飾は水郷である。だから「川甚」や「川千家」のような川魚料理屋が生まれた。

上流が水元公園なのに対し、下流は千葉県の浦安になる。言うまでもなく山本周五郎『青べか物語』の舞台（作中では「浦粕」）。

第五作「望郷篇」では、江戸川に浮かぶ和舟で昼寝をしていた寅が、そのまま川を下って浦安にたどり着き、フラワー通り商店街にある豆腐屋で働くことになる。地道に働くつもりだったが、豆腐屋の娘、長山藍子に例によって惚れてしまい、例によって振られることになる。長山藍子はテレビ版の「男はつらいよ」では妹さくらを、母親役の杉山とく子はおばちゃんを演じている。

「望郷篇」で描かれる浦安はまだ東京ディズニーランド（一九八三年開園）が出来る十年以上前で、『青べか物語』で描かれたような漁師町の雰囲気を残している。町を流れる境川にはいくつか漁船が見える。

豆腐屋という個人商店のある商店街が健在なのも、大型店が次々に出来ている現代から見ると懐しい。

江戸川が柴又と浦安という昭和の面影を残すふたつの町を結んでいる。その後、柴又のほうは大きな変化は見せないが、浦安は東京ディズニーランドが開園してから首都圏の新しい住宅街として発展してゆく。

江戸川でうなぎが釣れる

第二作「続　男はつらいよ」には愉快な場面がある。寅は葛飾商業の恩師、坪内散歩先生（東野英治郎）と再会する。早速、そのお嬢さん（佐藤オリエ）に惚れるが、ここでも高望みだと分かる。坪内先生は、英語の先生。寅は英語を勉強していた！（母の職業、芸者を馬鹿にした校長先生を殴って学校を中退するのだが）

ある時、老先生は寅に、江戸川でとれる天然のうなぎを食べたいと言う。「江戸川はもう汚れちゃっている」からうなぎがいるわけがないと寅は渋るが、恩師に頼まれては断われない。江戸川でうなぎを釣ることになる。弟分のような帝釈天の寺男の源公（佐藤蛾次郎）が付合う。この場面では草土手の横に、江戸川を渡る常磐線の鉄橋が見える。電車は金町駅から江戸川を渡って、千葉県の松戸駅に向かう。

釣りをしている寅を、印刷屋のタコ社長（太宰久雄）がひやかしに来る。うなぎを釣ろうとしていると知って、江戸川でうなぎがとれるわけがないと笑う。ところがそのあと思いがけずうなぎが釣れて、寅と源ちゃんは大喜びする。

こんなことは現実にはあり得ないと思ってしまうが、実は、江戸川でうなぎがとれる。葛飾区郷土と天文の博物館が二〇一一年に発行した「江戸川流域で川漁」という小冊子は江戸川でいまも行なわれている淡水漁業（川漁）を紹介しているが、そこには松戸市に住む川漁師が江戸川で鮎漁をする時、網にうなぎが入ることがあると言っている。うなぎの写真も入っている。二〇一一年でもなおとれるのだから一九六九年の「続　男はつらいよ」でうなぎが釣れてもおかしくはない。江戸川は案外に恵み豊か。

京成電車文化圏

柴又に行くには、京成高砂駅から京成金町線に乗り、次の柴又駅で降りる。この駅は、小さな駅でホームを降りると長い階段を使うことなく改札口からすぐ外に出られる。ローカル線の小駅の雰囲気。

第一作では、さくらに振られたと思った博が柴又駅から上り電車に乗って町を去ろうとする。それをさくらが追う。改札を受けずに鎖をはずしてホームに走り込む。小さな駅だからこんなことが出来る。さくらは博と一緒に電車に乗り込む。若者たちの恋がういういしい。二人が乗る電車は、鉄道ファンに「赤電」と呼ばれて親しまれている3000系。車両の下半分が赤、上半分がクリーム色。

さくらと博が結婚して最初に住むのは、京成金町線の京成高砂駅と柴又駅のあいだの線路脇のアパート。部屋の窓から赤電が走るのが見える。

寅が旅に出る時も、柴又駅から赤電に乗る。「男はつらいよ」の世界は京成電車抜きには考えられない。

東京は鉄道の町だから、走る鉄道によって文化圏が作られてゆく。中央線文化圏とか東横線文化圏とか。「男はつらいよ」が下町らしさを保っているのは、東京の下町を走る京成電車の文化圏が舞台になっていることが大きい。

京成電鉄の創業は明治四十二年（一九〇九）。東京と成田を結ぶ計画で創立された（従って、京成）。社史『京成電鉄85年の歩み』（一九九六年）によれば、最初に敷設された区間は押上―伊予田（現、江戸川）間と、支線になる曲金《まがりかね》（現、京成高砂）―柴又間。柴又駅の開設は早かったことになる。これは柴又の帝釈天への参詣客を乗せるため（京成電鉄が成田山へ向かう鉄道として計画されたように、鉄道はしばしば寺社と結びつく。京浜急行は川崎大師、東武鉄道は日光、京王電鉄は高尾山と結びつく）。

柴又には明治時代、短期間、人車鉄道があった。「帝釈人車鉄道」という。鉄路の上に置かれた、トロッコを大きくしたような車両を人間が押す。人力車ならぬ人力鉄道。

明治時代の日本には、人車鉄道が三十ほどあった。有名なのは、熱海と小田原を結ぶ豆相《ずそう》人車鉄道（明治二十八年開業）だろうか。明治末にこれが軽便鉄道に変わる。芥川龍之介の短篇『トロッコ』（大正十一年）は、豆相人車鉄道が軽便鉄道に変わる工事中の様子を描いている。小田原市内、旧東海道と東海道線が交差するガード近くには現在、「人車鉄道、軽便鉄道・小田原駅跡」の碑がある。

「帝釈人車鉄道」は、常磐線の金町駅と柴又を結んだ。距離は二キロ弱と短い。常磐線の金町駅の開業は明治三十年。金町と柴又を結ぼうと人車鉄道が作られたのは明治三十二年。帝釈天がいかに人気があったかがうかがえる。

人車鉄道は大正元年に廃業、そのあとを京成電鉄が買い取って京成金町線が生まれた。

現在の、瓦屋根の柴又駅の駅舎は昭和三十年（一九五五）に作られ、その後、ほとんど変わっていない。スレート屋根の駅舎が懐しい。

駅前の風景もあまり変わっていない。

広場に「フーテンの寅」の像が建てられたのと、参道の入り口に山田洋次監督の直筆による「私　生まれも育ちも　葛飾柴又です」の記念碑が作られたことぐらいだろうか。

「男はつらいよ」は京成文化圏の映画であると書いたが、例えば、第一作で、前述したように寅は御前様の娘に振られて泣くのだが、その場所は上野駅地下の安食堂。京成電車で柴又から上野に出たのだろう。

寅の飲むところというと浅草と思いがちだが、意外と浅草ではなく上野が多い。

第十七作「寅次郎夕焼け小焼け」(76年、太地喜和子主演)では、上野のガード下あたりの大衆居酒屋で、旅立つ前に一杯やる。カバンをとらやに忘れてきたので、さくらに電話して、源公に持って来させてくれと頼む。「いま、上野にいる」と言っている。「これから汽車に乗るところ」とも。上野駅から東北に旅立つつもりなのだろう。昔ながらに「汽車」と言っているのが懐しい。この居酒屋で寅は、宇野重吉演じる金のなさそうな老人(あとで有名な日本画家と分かる)と知り合う。

第二十四作「寅次郎春の夢」(79年、香川京子主演)では、寅はアメリカからやってきた旅まわりのセールスマン(ハーブ・エデルマン)と上野駅のガード下の赤提灯で飲む。

飲む場所は浅草ではなく、たいてい上野。寅が京成文化圏の人間であることをあらわしている。

想像では、少年時代、家を飛び出した寅は、まず上野に行き、そこでテキヤの道に入ったのではないか。

「男はつらいよ」シリーズが京成文化圏の映画だなと思わせるのは、ヒロインの住んでいる場所（ちなみに、マドンナという言葉はどうも恥しくて使えない。拙文ではヒロインに統一する）。

第四作「新　男はつらいよ」では、栗原小巻が帝釈天の近くにある幼稚園の先生をしている。彼女はとらやの二階の部屋を借りる。いっとき柴又の住人になる。

第六作「純情篇」では、おばちゃんの遠縁にあたる若尾文子が、夫（垂水悟郎）と別居中で、とらやの二階の部屋を借りる。同様に第十六作「葛飾立志篇」（75年）では、考古学を学ぶ樫山文枝が、御前様の親戚という縁でやはりとらやの二階を借りる。

第八作「寅次郎恋歌」では、小さな男の子を連れて柴又に引越してきた池内淳子が帝釈天の近くに喫茶店を開く。第十作「寅次郎夢枕」では、寅の幼なじみの八千草薫が柴又に美容院を開く。第二十作「寅次郎頑張れ！」（77年、藤村志保主演）では、これは寅が恋する女性ではないが、秋田から出て来た大竹しのぶが、柴又の大衆食堂で働いている。

第十九作「寅次郎と殿様」（77年）では、若くして夫をなくした真野響子が、京成本線の青砥駅に近い青戸団地に住んでいる。第二十二作「噂の寅次郎」（78年）では、夫と離婚し、とらやで働くことになる大原麗子は、京成高砂駅に近い友人の家に部屋を借りている。京成金町線で柴又に出る。

こうしたヒロインのなかで、もっとも京成文化圏の色が濃いのは、第十四作「寅次郎子守唄」（74年）の看護婦、十朱幸代だろう。博が大怪我をして運び込まれる病院で働いている。この病院は京成関屋駅の近くにある。

彼女は山形県の米沢市の出身。東京で一人で暮している。アパートがあるのは、京成本線の江戸川駅の近く。江戸川べりにある。十朱幸代がこの駅で赤電から降り、階段を下る場面がある。働く病院も、住んでいるアパートも京成電車の沿線にある。

さらに――、彼女は、工員で合唱団のリーダー、上條恒彦と恋をするのだが、この恋人が住んでいるのが、京成関屋駅近くの木造アパート。二人は京成関屋駅のホームで会う。

「男はつらいよ」は、下町の雰囲気を持っていて、それが魅力になっているが、その下町とは、隅田川沿いの旧下町ではなく、京成電鉄沿線の新下町になっている。旧下町に比べるとマイナー感があり、それが「男はつらいよ」の良さになっている。

「週刊朝日」に「男はつらいよ」の記事を書いたことで、当時の「キネマ旬報」編集長、白井佳夫さんの知遇を得て、物書きになってから同誌に原稿を書かせてもらうようになった。映画評論家としてのスタートは「男はつらいよ」にあったことになる。

3　京成金町線を行き来して

前章で触れたように、柴又は江戸川のほとりの小さな町。東京の東のはずれになる。江戸川を渡ればもう千葉県。従って本来は「下町」とは言わない。

永井荷風は『断腸亭日乗』昭和五年（一九三〇）二月十二日で、柴又に触れている。その日、荷風は知人と吉原で飲む。三、四人の娼妓のなかに、柴又の帝釈天近くに生まれた者がいて、かの地のこと、川魚料理屋「川甚」のことを話す。それを聞いた荷風はこう書く。

「江戸近郊のむかしを思起して独《ひとり》興味を催しぬ」

荷風は若い頃、柴又に遊んだことがあるのだろう。懐しがっている。「江戸近郊」としている。東のはずれに位置する帝釈天の門前町はあくまで「江戸近郊」であって、決して江戸の城下町としての「下町」ではない。それが下町のように見えてしまうのは「男はつらいよ」の絶妙なフィクションの力と言えよう。

江戸初期に創建された帝釈天（題経寺）への参詣は江戸時代から盛んだった。とはいえ市中の浅草寺へのお詣りに比べれば、江戸庶民にとって遠出であり、一種の行楽になった。おいちゃんとおばちゃんの営む団子屋の団子は、江戸川べりのヨモギを使って作られている。そんなところにも柴又が「江戸近郊」の町だったことがうかがえる。

明治三十年（一八九七）、現在の常磐線、金町駅が開設され、東京の市中から柴又に出かけるのが楽になった。

谷崎潤一郎の『羹《あつもの》』（明治四十五年）には、二人の高等遊民が市中から柴又に遊びに行くくだりがある。

「其《そ》れから其れへと、二人の問答は、金町の停車場へ着いて、帝釈天へ行く畑道まで続いた」

上野から常磐線で金町まで行き、そこから柴又まで歩いている。「帝釈天へ行く畑道」とあるように当時は、近所田舎だった。

昭和のはじめに金町で育った水沢研氏の写真と文による『葛飾金町セピア色』（牧童館、二〇〇二年）によると、金町は長く「純農村地帯」だったが、大正十二年（一九二三）の関東大震災後、住宅地として開けていったという。

この本には、昭和十三、四年ころの金町と柴又を結ぶ京成電車の線路の写真が入っているが、それを見ると、沿線にはまだ住宅はまばら。

水沢氏の文によると、当時、柴又あたりには、水田が多く、日曜日になると、大勢の子供たちが、押上や向島から京成電車に乗って魚やざりがにをとりに来たという。柴又が「近所田舎」だったことが分かる。

常磐線の駅が開設されたため、町としては柴又より金町のほうがにぎやかになった。柴又には小学校はまだなく、柴又の子供たちは金町小学校に通っていた。

寅が卒業する柴又小学校の創立は昭和十四年。かなり遅い。ちなみに寅の年齢だが、これがはっきりしない。第二作、「続　男はつらいよ」（69年、佐藤オリエ主演）では、夢の中で寅は瞼《まぶた》の母（風見章子）に会い、「今を去る三十八年前、雪の降る寒い夜に貴女は玉のような男の子を生みなすったはずだ」と言う。とすると、昭和六年（一九三一）生まれになる。

それが、第二十六作「寅次郎かもめ歌」（80年、伊藤蘭主演）では、寅は定時制高校に入ろうと入学願書を出すのだが、そこでは昭和十五年生まれとなっている。第四十三作「寅次郎の休日」（90年、夏木マリ主演）では、寅はおばちゃん（三崎千恵子）に「四十歳過ぎて独身なんてみっともないだけなんだよ」と言われている。第二作の昭和六年生まれ説に従えば、この時の寅は五十九歳。

作品によって寅の年齢はまちまち。シリーズが人気作になり、作品数が増えたための結果であり、こういうことをミスと言うのは野暮だろう。

銀座でも上野でもなく金町で

京成金町線は高砂―柴又―金町を走る。この線の高砂駅は京成本線と線路がつながっていない。また金町駅は、常磐線の金町駅の隣りだが、駅舎はつながっていない。従って、わずか二・五キロほどの京成金町線は盲腸線になってしまっている。ローカル線の雰囲気を残している。

それでも金町は現在も柴又よりにぎやかで、駅の北には、イトーヨーカドーや東急ストアがあるし、昭和四十年代のはじめに出来た十五階建ての公団住宅もある。

にぎやかな町だからだろう、第八作「寅次郎恋歌」（71年、池内淳子主演）では寅は、恋する女性、池内淳子の窮状を救おうと商売に精を出し、常磐線の金町駅北口で古雑誌などの啖呵売《たんかばい》を始める。

「男はつらいよ」をよく見ると他にも金町がよく出てくる。

第十六作「葛飾立志篇」（75年、樫山文枝主演）、第二十作「寅次郎頑張れ！」（77年、藤村志保主演）でも、寅は金町の北口と南口それぞれで店を広げている。また第九作「柴又慕情」（72年、吉永小百合主演）では、久しぶりに柴又に帰って来た寅は、自分の部屋が人に貸しに出されているのを知って、すねてしまい、部屋探しに行くのだが、この時、行くのが、金町の不動産屋（この店は、現在もある）。第二十六作「寅次郎かもめ歌」（80年、伊藤蘭主演）では、源公が寅に「金町にパァッと遊びに行こう」と言う。

柴又に生まれ育った寅には、金町はなんでもある大きな町なのだろう。東京の西に住む人間には、ほとんどなじみのない葛飾区の金町が「男はつらいよ」では繰返し登場する。「男はつらいよ」は、柴又を中心とした東東京の物語になっている。東京の映画というと隅田川より西を舞台にする作品が多いなか、このことは特筆されていい。

第四十作「寅次郎サラダ記念日」（88年、三田佳子主演）の早稲田の学生、尾美としのりは、家が金町にあると言っている。第四十一作「寅次郎心の旅路」（89年、竹下景子主演）のウィーンに住むマダム、淡路恵子はハイカラな女性だが、意外や金町出身と言っている。

金町と言えば、さらに、第十四作「寅次郎子守唄」（74年、十朱幸代主演）。寅が好きになる看護婦、十朱幸代は、自分が病院で世話をした赤ん坊（寅が九州の旅先から連れ帰った）のことが気になり、ある日、「とらや」を訪ねる。

一同、わざわざ訪ねて下さって、と恐縮する。すると彼女は言う。「夜勤明けで、家に帰る途中、金町で買物がありまして」。

ここでも金町。彼女は、京成関屋駅に近い病院で働いている。家は、京成本線の東京都内の東端、江戸川駅の近くのアパート。従って、金町は途中という感覚がある。わざわざ上野に出るよりは金町のほうが家に近い。

夜勤明けで、江戸川駅近くの家に帰る途中、金町に出て買物し、そのついでに、柴又に寄った。京成電車をふだん乗りこなしているからこういう行動になるのだろう。

渋谷や青山、あるいは銀座ではなく金町で買物をする看護婦というのが寅にはふさわしい。この十朱幸代は「男はつらいよ」のヒロインのなかでも好きな一人。

彼女の恋人は、上條恒彦演じる工員。働き者の合唱団のリーダーでもある。はじめて合唱団に参加したさくら（倍賞千恵子）に自己紹介する時、彼は「玩具工場で働いています」と言う。

玩具工場！　これは葛飾区の地場産業と言っていい。京成本線立石駅の北側にある渋江公園（東立石三丁目）に「葛飾区セルロイド工業発祥記念碑」がある。大正三年（一九一四）に、「わがセルロイド工業界の先覚　故千種稔氏がこの地に初めて玩具工場を設けてより（略）」と刻まれている。

セルロイドを原料に人形などの玩具が作られていった。昭和三十五年、大ヒット商品となった

「ダッコちゃん」を作ったタカラ（現、タカラトミー）や、「モンチッチ」で知られるセキグチは葛飾区にある。ここは「玩具の町」である。

山田洋次監督は、そうしたことを踏まえて上條恒彦を玩具工場で働く人間にしたのだろう。そういえば、第七作「奮闘篇」（71年、榊原るみ主演）の冒頭、寅は、只見線の越後広瀬駅で東京に働きに出る中卒の少年少女たち（地元の子供たちが演じているようだ）に出会う。女の子の一人（りんごのような赤い頬っぺたをしている）は寅に「どこへ就職するんだい」と聞かれ、「東京の玩具工場です」と答えている。おそらく葛飾区内の玩具工場で働くのだろう。

一九七一年の作品だが、豊かになったといわれるこの時代にもまだ集団就職が行なわれていたことに驚く。

金町がはじめて登場するのは第二作「続　男はつらいよ」。旅から柴又に戻った寅は、さくらに子供（満男）が生まれたことを知り、喜ぶ。そのあと「俺はあまり長居できねえんだ」とまたふらりと旅に出る。といっても遠くではない。江戸川べりを北へ、金町方面へ歩く。

土手の上をぶらぶらする。うしろに常磐線のトラス橋が見える。柴又から北へ歩いてきて、常磐線の鉄橋を渡り、また土手に出た。このあたり、住所でいうと、東金町六丁目。柴又と並んで山田監督の好きな金町がここで初めて登場する。

土手を左に降りる感じで曲がる。うしろに鳥居が見える。葛西神社とわかる。平安時代後期に建てられたというこの地の郷社。

境内に「千住ネギの産地」「金町コカブ」の由来板があるのは、やはりこのあたりが純農村地帯だったからだろう。

土手を左に曲がった道の左手に、寅の葛飾商業時代の恩師、散歩先生（東野英治郎）が娘の夏子（佐藤オリエ）と暮す家がある。この家は、現在はもうなく、新しくなっているが、葛西神社周辺の風景は、撮影当時と変わっていない。

葛西神社は帝釈天に比べると遠くから参拝者が訪れることはなく、ふだんはひっそりとしている。毎月一度開かれる骨董市の時にはにぎわう。境内には葛西囃子発祥の地の碑も建てられている。江戸囃子の元祖という。

前記『葛西金町セピア色』によると、昭和のはじめには、葛西神社のそばには「足立瓦焼屋」という瓦作りの家があったという。

やくざ者としての寅

それで思い出されるのは長谷川伸の戯曲『瞼の母』。主人公、別れた生みの母を探し続けるやくざ者、番場の忠太郎の弟分は、その名も「金町の半次郎」。

第一場は、半次郎が人を害して逃げ、江戸川べりの実家に帰ってくるところ。その実家が瓦屋。金町あたりは江戸時代、瓦焼屋が多かったという。

久しぶりに半次郎が家に戻る。妹はいるが母親の姿は見えない。「お袋はどこへ行った」と聞くと妹は「おっかさんは帝釈様へ」と答える。「もう帰ってくる時分だよ」。金町と帝釈天は近い。

現在でも歩いて三十分ほど。

『瞼の母』は御存知、母を知らない番場の忠太郎が、母を求める母恋いの物語。「続　男はつらいよ」も、寅が、生みの母（ミヤコ蝶々）を探しに行く話。

山田洋次監督は、柴又から金町へ、さらに『瞼の母』へと連想が広がり、「続　男はつらいよ」を作ったのではないか。

だから、寅の憧れる夏子を金町に住まわせた。また「番場の忠太郎」「金町の半次郎」という名にも注目したい。やくざ者はしばしば、生まれた土地の名で呼ばれる（「番場」は、滋賀県の米原市内の地名）。

その点で、「続　男はつらいよ」には面白い場面がある。寅が、弟分の登（津坂匡章）と焼肉屋に入って酒を飲む。店を出る時に財布を持っていないことに気づく。登にも金がある筈はない。「つけ」にしてくれと言うと、主人（江幡高志）が無銭飲食だと怒る。

ここで寅は見得を切る。

「オレは、葛飾の寅だぜ、かたぎの者に迷惑はかけねえ」

寅は、普通、自分のことを「フーテンの寅」と言う。ここでは珍しく「葛飾の寅」と地名を入れている。これは、寅が「番場の忠太郎」や「金町の半次郎」に倣ったのではないか。

二人が酒を飲んだ焼肉屋はセットだから場所は特定出来ないが、おそらく京成電車の立石駅の近くの焼肉屋だろう。北口には、いまでも戦後の闇市を思わせるような飲食街があるが、あの一画を想定しているのではないか。

寅は結局、無銭飲食したこと、焼肉屋の主人に暴力を振ったことで、一晩、警察の世話になる（初期の寅は、結構、暴れ者だった）。

この警察の名は、本田《ほんでん》署とある。立石駅に近い警察署である。ここでも山田洋次監督の東東京、京成文化圏へのこだわりは強いものがある。これは「男はつらいよ」ではないが、西田敏行が徳島県の小さな町の映画館主になる「虹をつかむ男」（96年）では、彼がひそかに思いを寄せる女性、田中裕子は、以前東京にいた時、亀有に住んでいたといっている。常磐線で金町の隣り（上野寄り）の町になる。

荒川から江戸川へ

「男はつらいよ」には、随所に東東京、京成文化圏への思い入れがある。決して、下町の話ではない。東京というと隅田川の西側（広い意味での山の手）ばかりが語られるのに抗っている。その点では、下町を好んで散歩した永井荷風に似ている。

「男はつらいよ」シリーズの前の山田洋次監督の作品に、東京オリンピックの直前、一九六三年公開された「下町の太陽」がある。倍賞千恵子演じる主人公は、墨田区の石鹸工場で働いている（モデルは、東武電車の曳船駅近くにあった資生堂の工場）。家は、向島の橘銀座あたり。彼女は、京成電車の荒川駅（現在の駅名は八広駅）から上り電車に乗り、次の京成曳船駅で降り、工場に通う。

この初期の映画で早くも、京成電車が出てくる！

山田洋次監督は「下町の太陽」が好評だったこともあり、京成電車の走る東東京の風景、そこに生きる人々に惹かれたのではないか。

「下町の太陽」では、倍賞千恵子はよく荒川放水路（現在の名称は荒川）の堤を歩く。主題曲「下町の太陽」を歌う。

それが「男はつらいよ」になると、荒川から江戸川に変わる。おそらく荒川沿いが建て込んできたために、より東へ移動したのだろう。そして江戸の名残りをとどめる柴又を発見する。その東への移動は、昭和のはじめ、永井荷風が、隅田川べりを歩きつくし、次に、さらに東へと移動し、荒川放水路に行きつき、その茫漠たる風景、さらには、荒川近くに、玉の井というすがれた私娼の町を発見したことに似ている。

葛飾区には荒川と江戸川に加え、もう一本、川が流れている。中川（高砂あたりで新中川と分かれる）。この川は、不幸な川で、荒川放水路が出来た時には、この川によって東と西に分断されてしまった。そのために東京の川では地味で、語られることが少ない。

幸田露伴に『蘆声《ろせい》』（昭和三年）という美しい小品がある。向島に住んでいた頃の露伴がよく、中川に出かけ、釣りを楽しんでいた頃の物語。ある日、川べりで、一人の少年に会う。少年は、遊びで釣りをしている大人を嫌う。自分は暮しのために釣りをしている。この少年は、実母に死なれ、苦労しているらしいことが分かってくる。一緒に釣りをしているうちに、露伴と少年の心はかよい合ってくる。

中川を描いた数少ない名品のひとつ。まだ荒川放水路は出来ていない。新中川も作られていない。中川は、いまの葛飾区をゆったりと流れている。

立石あたりは露伴によれば「まことに閑寂なもので、水たゞ緩《ゆる》やかに流れ（略）」という田園風景が広がっていた。中川は「四十九曲《まが》り」と呼ばれるほどよく屈曲した流れだった。

その名残りは、現在の立石あたりの地図を見ると分かる。高砂から立石、四つ木へと川は屈曲している。

山田洋次監督は、この中川も「男はつらいよ」に登場させている。

これまではっきり中川が確認出来たのは、第十二作「私の寅さん」（73年、岸惠子主演）、第二十六作「寅次郎かもめ歌」（80年、伊藤蘭主演）、第三十七作「幸福の青い鳥」（86年、志穂美悦子主演）の三本。

中川という地味な川をよく登場させたと思う。まずその前に「続　男はつらいよ」をもう一度振返りたい。

金町の葛西神社あたりを歩いていた寅は、かつての恩師、散歩先生の家の前を通りかかり、先生に会いたくなる。先生も「出来の悪い生徒ほど可愛い」で寅を忘れていなかった。二人は酒を酌みかわすうちに意気投合してゆく。二人の相手をしてくれる、いまはすっかりきれいに成長したお嬢さんのことを寅が好きになるのは言うまでもない。

この夜、飲み過ぎ、食べ過ぎた寅は、急に腹痛を起こし、病院に入れられる。この場面が撮影されたのは、金町駅の南、水戸街道の近くの病院（映画のなかでは市民病院になっている）。現在も、撮影当時と変らない姿を残している。

お嬢さんが心配して医者（山﨑努）に「何か悪いものに当った」のではと聞くと、医者が「いえいえ、その逆です。いいもの食べ過ぎたんで、胃のほうがびっくりしたんでしょう」と言うのが笑わせる。

このあと、寅は見舞いに来た弟分の登と病院を抜け出し、件《くだん》の焼肉屋でひと騒ぎを起こす。まったく困った奴だが、憎めない。

寅が入院したこの病院から水戸街道に出て、さらに街道を右に入り、少し西へ歩くと、中川にぶつかる。そこに橋が架かっている。

中川大橋。葛飾区新宿《にいじゅく》と、同区亀有を結ぶ。第十二作にこの橋が出てくる。寅は、小学校の同級生（前田武彦）の妹で、貧乏画家のりつ子（岸惠子）に会う。はじめは、生意気な女だと腹を立てるが、貧しさのなか絵に打ち込んでいる彼女が好きになる。自分も金などないくせに、パトロンになろうと思う。

ある時、二人は夕方、町を歩く。寅は彼女を家へ送る。中川大橋の袂《たもと》で別れる（ということは、りつ子の家は中川べりにある）。

岸惠子のおしゃれなイメージの逆を行くように、東京のなかでも目立たない川、決して流れがきれいとは言えない中川沿いに岸惠子を立たせる。意表を突く。

第二十六作「寅次郎かもめ歌」では、北海道の奥尻島から東京に出て来た伊藤蘭が、「とらや」に世話になりながら、コンビニで働き、定時制の高校に通う。この高校がある場所が、中川べり。働きながら学ぶ女の子を地味な中川のそばに置く。これは合っている。

個人的にいちばん驚いたのは、第三十七作の「幸福の青い鳥」。筑豊で暮していた志穂美悦子が、寅を頼って東京に出てくる。柴又のラーメン屋で働く。

ある時、大衆食堂で気のいい若者（長渕剛）と知り合い、親しくなる。若者は看板屋で住み込みで働きながら、絵を描いている。しかし、何度、美術展に絵を出しても落ちてしまう。

この作品は、志穂美悦子が東京に出て来てから、ほとんど東東京で撮影されている。若い男女の恋愛が描かれるが、渋谷や青山も、湾岸も吉祥寺も出て来ない。

二人が出会う大衆食堂は総武線の新小岩駅近く。志穂美悦子が若い男たちにからまれるところは総武線の同駅のガード下。前述したように彼女が働くラーメン屋は柴又。

そして新鮮なのは、長渕剛が住み込みで働く看板屋が中川沿いに設定されていること。「四十九曲り」らしく川が曲がっている。江戸川のように広々とした、緑の河川敷はなく、殺風景で、コンクリートの「カミソリ堤防」に囲まれている。

よくこんな索莫とした川を、若い二人の背景に置いた。東東京にこだわり続ける山田洋次の真骨頂と言えようか。

中川は曲がりくねって流れる。京成押上線に沿っている。駅でいうと（上流から）青砥、京成立石、四ツ木。『蘆声』で露伴が釣りをしたのは立石あたり。

「四十九曲り」の中川には、いくつか橋が架かっている。上流から青砥橋、奥戸橋、本奥戸橋、平和橋。

志穂美悦子が、また落選して気落ちしている長渕剛を訪ねる時、橋を渡る。水道管が横に付いていることで平和橋と分かる。立石と新小岩を結んでいる。

立石の近くには、前述したように、第二作「続 男はつらいよ」で寅が一晩、厄介になった本田警察署がある。平和橋が第二作と第三十七作をつないでいることになる。水戸街道が「続 男はつらいよ」と「寅次郎かもめ歌」をつないだように。

「男はつらいよ」シリーズの面白さは、人物のつながりだけではなく、風景がつながっているところにもある。

荷風が見た風景

露伴が「四十九曲り」と呼んだ中川を昭和戦前期に歩いた文人がいる。言うまでもなく永井荷風。『断腸亭日乗』昭和十七年六月四日。この日、荷風は現在の日本橋箱崎町にあった病院に行く。診察を終えたあと浅草に出る。そこで京成バスに乗り、立石に至る。町を歩き、中川にぶつかる。ちょうど本奥戸橋のところ。

「雨中奥戸橋の眺望画の如し」

荷風が見たのは実際には、「奥戸橋」ではなく「本奥戸橋」。中川に架かる橋では数少ないトラス橋で、たしかに雨の降る時に見たら美しいだろう。

「幸福の青い鳥」で志穂美悦子が渡った平和橋は、荷風が見た本奥戸橋の隣り（下流）の橋。

「男はつらいよ」の世界と荷風の世界は思いがけず近接している。中川あたりを歩く文人は荷風の他、ほとんどいなかったし、映画のなかに中川を取り入れる映画監督は山田洋次の他、ほとんどいないのではないか。東東京の風景への強い関心が二人を結びつけている。

　戦後、荷風は市川市に居を定めた。京成本線の本八幡駅を利用することになる。その結果、以前にもまして、東東京の風景が荷風にとって身近になる。

『断腸亭日乗』昭和二十二年十一月二十三日。「午後高砂柴又辺散策」

昭和二十三年一月十日。「(向島の)秋葉社前にて金町行バスの来るに逢ひ之に乗る。途中乗客雑沓して下ること能はず金町に至り京成電車に乗りかへ四時頃家にかへる」

昭和二十三年九月十三日。「秋陰愛すべし。中川奥戸橋辺を歩むに水田の稲早くも刈取られし処あり」

昭和二十四年九月十五日。「晡下柴又金町辺散歩。金町より省線にて亀有に至る」

柴又、金町、中川。『断腸亭日乗』のなかに、「男はつらいよ」で描かれる町や川が記されている。東京のなかで、目立たないところばかりなので、その一致にうれしく驚く。

4　寅が福を運んだ網走

六月の北海道は緑があふれている。

長い冬が終って、遅い春と初夏が一度に来る。緑がいっせいに芽吹く。

道東、網走に近い女満別《めまんべつ》空港で降り、レンタカーを借りる。編集者のKさんが運転してくれる。女性編集者のHさんがナビゲーター。三人の車の旅になる。広い北海道では車がないと動きが取れない。

昭和四十八年（一九七三）の夏に公開された「男はつらいよ」の第十一作「寅次郎忘れな草」では、寅（渥美清）は網走を旅する。

寅は網走で、旅回りの歌手リリー（浅丘ルリ子）に会う。港で、出漁してゆく漁船を見送る家族に目をやった寅とリリーは、ああいうかたぎの人間たちに比べると自分たちは「あぶく」のような人間だと自嘲しあう。

そこで突然、寅は額に汗して働こうと決心し、職安で紹介された牧場を訪ね、雇ってもらうことにする。

その牧場があるのが、網走の西、卯原内《うばらない》という地区。いくつもの牧場が広がる酪農地帯。

知床岬
オホーツク海
カムイワッカの滝
知
床
半
島
ウトロ
羅臼
能取湖
網走
卯原内
女満別空港
知床斜里
国後島
釧網本線
屈斜路湖
摩周湖
野付崎
中標津
摩周
阿寒湖
根室
根室本線
塘路湖
茶内
霧多布湿原
釧路
厚岸湾
太平洋

ゆるやかな丘が広がっている。その丘のひとつに寅が働いた「栗原牧場」がある。栗原功さん、由紀子さんご夫婦が応対してくれる。

いたって明るく、気のいい由紀子さんは「撮影の人たちが来たのは、結婚して三年目くらいだったかな。映画の撮影と聞いてびっくりした。あの頃はまだ家もきれいじゃなくて。そこが山田監督にはよかったみたい。いまでも『男はつらいよ』のファンの人が時々、訪ねてくる。あの映画は一生の思い出ですね」。

撮影は約十日間行なわれた。由紀子さんは、うしろ姿だが映画に映っている。功さんはトラクターの運転をしている。

栗原さん夫妻は、三代目になる。祖父母が戦後、福島県から入植した。いま、息子が後を継ぐことになっている。お孫さんもいる。恵まれている。

乳牛百頭が普通という酪農農家にあって、栗原牧場は三百頭も飼っている。従業員も二人いる。酪農は生き物相手だから休む暇がない。仕事はつらい。それで離農してゆく家が多い。酪農家は全国で減り続け、現在、最盛期の約四パーセント、一万八千戸になっている。その結果、このところバターが品不足になっているのは御存知のとおり。

映画のなかでも、寅は初日は張り切るが、炎天下のきつい作業で二日目に早くもダウン。主人(織本順吉)に迷惑をかけてしまう。栗原由紀子さんは言う。

「この仕事は、真面目に働かないとだめ。昼間からビール飲んでいるような家はダメになってゆくね」

近年は「ヘルパー」と呼ばれる酪農家の手伝いを専門にする人もいて、そのおかげで昔に比べると楽になったと由紀子さんは言う。日本各地、旅行も楽しめるようになった。

寅が福を運んできてくれたのかもしれない。寅はどこからともなくやってきて福をもたらし、また去ってゆく「まれびと」である。由紀子さんはこうも言った。

「あの頃、うちは経済的に結構大変だった。あの映画に家が使われたから、それが励みになった」。「男はつらいよ」に支えられたと言う。

寅は慣れない仕事でたちまち倒れ、寝込んでしまう。東京からさくら（倍賞千恵子）が駆けつける。石北本線に乗る。列車は網走湖沿いを走る。車窓に湖が見える。さくらは一瞬、心やわらぐ。さくらは寅のおかげで思いがけず旅を楽しんでいることになる。

タイからの観光客

網走は、映画「網走番外地」（65年）で知られる。監督の石井輝男は平成十七年（二〇〇五）、八十一歳で亡くなったが、その遺志で墓は網走市内、潮見墓園に作られた。墓誌に「安らかに石井輝男」とある。書はもちろん高倉健。

その高倉健は山田洋次監督「幸福の黄色いハンカチ」（77年）では冒頭、網走刑務所を出ると、すぐに食堂に入り、ビール、ラーメン、カツ丼を注文し、久しぶりのビールを大事そうに飲んだ。

「寅次郎忘れな草」の寅は、幸い刑務所とは関係ない。網走駅から少し離れた商店街の一角、ちょうど網走神社の参道の入り口あたりで、商売を始める。古レコードを売る。そのあと、網走川の河口に架かる網走橋の上から川を眺める。そこでリリーに声を掛けられ、川辺の小さな造船所で語り合う。この造船所、少しさびれているが、いまも当時の面影を残している。

商店街は御多分に洩れず寂しい。寅が商売を始める場面で画面に映っていたレコード店はもうない。郊外にショッピングセンターが出来たため町の中心部がさびれていっている。

それでも大きな寿司店「花のれん」の前に観光バスがとまっている。どこの国の観光客だろうと見ていると、タイだった。タイからも観光客が来るとは。「寅次郎忘れな草」が作られた頃には考えられなかったこと。網走の観光名所、オホーツク海を一望出来る能取《のとろ》岬には、中国映画「狙った恋の落とし方。」（08年）がここでロケされたと案内板にあった。

タイ人が立寄った「花のれん」で遅い昼食をとる。幸いランチタイムは過ぎていて空いている。主人が相手をしてくれる。

町なかはさびれているように見えるが、漁業、農業とも景気はいいという。漁業はサケ、マス、ウニが好調。農業はジャガイモ、小麦、ビート。「漁師の家はみんな立派ですよ」。農家に関してはこんな愉快な話をしてくれた。

「町に東京農大がある。そこの女子学生が夏休みに農家に実習に行く。知り合った農家の息子と結婚することが多い。農家の暮しがいいことを知っているんだね」

話半分にしても漁業や農業に活気があるのはいいことだ。

ウトロ漁協婦人部食堂

網走から車で知床半島のウトロに向かう。シリーズ第三十八作「知床慕情」（87年）の舞台。寅がウトロに行き、男やもめの獣医（三船敏郎）の家に住みつく。離婚して東京から戻ってきた獣医の娘、竹下景子をひと目見て、例によって惚れてしまう。寅の恋もさることながら、初老の三船敏郎と、スナックで働く女性、淡路恵子の遅咲きの恋が泣かせた。

この映画には北海道の厳しい現実が垣間見られる場面がある。獣医の三船敏郎が、いつも牛を診《み》に行く酪農家（坂本長利）の離農を見送る。「あんたもよくがんばったなあ」と声をかけると酪農家は「離農だけはしたくねえと精一杯やってきたんだけど」と涙ぐむ。

実際には知床には酪農家はほとんどいないため、この場面は中標津《なかしべつ》町でロケされたという。山田洋次監督としては離農の姿を映画のなかに入れたかったのだろう。

Kさんの運転する車で、網走から釧網《せんもう》本線に沿って走る。網走駅から五つ目に北浜駅がある。大正十三年（一九二四）開業当時のままの小屋のような駅舎が残っている。鉄道好きにはよく知られた駅。駅の目の前にオホーツク海が大きく広がる。石井輝男監督の「網走番外地」では冒頭、刑務所に収監される高倉健がこの駅に降り立つ。北浜駅が網走駅に見立てられた。オホーツク海に面してぽつんと建つ駅舎が荒涼とした雰囲気を出した。

釧網本線の知床斜里《しれとこしゃり》駅（大正十四年開設）に着く。知床半島の玄関口。「知床慕情」では東京から戻った竹下景子がこの駅に降り立つ。当時の駅名は「斜里」。平成十年（一九九八）に知床斜里と変わった。二〇〇七年には駅舎も改装された。二〇〇五年に、知床が世界自然遺産に登録され、知床への観光客が増えたためだろう。

斜里から先、ウトロに向かう鉄道はない。車は海沿いを走る。夕日がオホーツクの海に沈んでゆくのが左手に見えてくる。

ウトロに着いたのは夕暮れ時だった。「知床慕情」では、寅がこの町を気に入り、夏を過ごす。漁師たちと親しくなる。ウトロは知床観光の拠点であると同時に、漁師町でサケ、ホッケ、ウニがよくとれる。網走と同じで漁業はよく、若い人が戻ってきていると、ビールを飲みに入った食堂の主人が言った。この主人、のんびりしていてわれわれがビールを注文すると「あっ、きれてる」と言って、店を空にして近くのコンビニに買いに行ってくれた。

「知床慕情」には、寅と竹下景子演じるりん子が観光船からカムイワッカの滝を眺める場面がある。原生林のなかを滝が流れ落ちている。この滝の水は、温泉の湧き水で、上流の滝壺が自然の温泉になっている。ここには以前、二度行ったことがある。滝壺までは、滝の流れのなかを歩いて三十分ほど登らなければならない。一度目はまだ四十代だったのでたどり着けたが、二度目は五十代の時で、岩で足が滑り、危なくて、途中で断念した。

ウトロでは、原生林のなかの一軒宿に泊った。その名も「ホテル地の涯」。凄い名前だが、建物は立派で、露天風呂もある。知床に来るとここに泊ることにしている。

そしてウトロと言えば、漁港にある「漁協婦人部食堂」が素晴しい。はじめて来た三十年ほど前と様子は変らない。駅前食堂の雰囲気。漁師のおかみさんたちが切り回している。

朝、ここでホッケ定食を食べると知床に来たなと思う。「知床慕情」には、竹下景子と淡路恵子が漁港を歩く場面に、この食堂がちゃんと映っている。

　寅と、りん子が海からカムイワッカの滝を見る場面で、森繁久彌が歌う「知床旅情」が流れる。この歌は、昭和三十五年（一九六〇）、知床半島の、ウトロとは反対の太平洋側にある漁師町、羅臼《らうす》でロケされた映画「地の涯に生きるもの」（久松静児監督。原作は戸川幸夫の『オホーツク老人』）にちなんで主演の森繁久彌が作詞、作曲し、自ら歌ったもの。「知床」の名が全国に知られるようになった。

　この映画では森繁久彌が冬、漁師番屋を守る老人を演じた。猫と共に寒い冬を過ごす。その猫が流氷に乗って流されるのを森繁が追って海に落ち死んでしまう。知床の厳しい暮しを描いた作品。羅臼の町には、この映画の森繁久彌の銅像が建てられている。


「漁協婦人部食堂」で朝食をすませ、中標津《なかしべつ》に向かう。山田洋次監督の「家族」（70年）、「遥かなる山の呼び声」（80年）、そしてシリーズ第三十三作「男はつらいよ　夜霧にむせぶ寅次郎」（84年、中原理恵主演）が撮影されたところ。

　ウトロから知床半島を横断する。途中の峠で濃霧に遭う。一メートル先も見えないほど。そのなかを悠々と走るKさんの運転技術に感服。

　峠を下り、羅臼に出て、そこから海沿いを走り、標津《しべつ》を経て中標津へ。昼には着いた。

　中標津の町は道東ではにぎやか。中標津空港に近いこともあり、人口の減少が続く北海道の町のなかでは二万四千人ほどで安定している。商店街も充実している。古本屋があるのにも驚く。

中標津町、さらに隣りの別海《べつかい》町は酪農が盛んなところ。町なかを少し離れると、広々とした牧場が続く。逆に言えば、寒冷地で牛を育てる牧草くらいしか育たなかったところでもある。牧場にはどこもカラマツを中心にした防風林がみごとに育っている。格子状に人工的に作られている。景観として美しいが、風が強いことの証しでもある。酪農家は、強風に悩まされた。

「家族」は、この根釧《こんせん》原野の一画、中標津の開拓村（パイロット・ファーム）に入植する一家の物語。長崎県の伊王島の炭鉱労働者の家族（井川比佐志、倍賞千恵子、笠智衆）が、二人の子供を連れ、長崎から中標津までえんえんと鉄道の旅をする。途中、東京で、幼ない子供を死なせてしまう。ようやく中標津に着いたところで、旅の疲れから祖父（笠智衆）が急逝してしまう。簡単に「開拓」「入植」「酪農」と言うが、それがどれほど大変なことか。

山田洋次監督は「家族」によって北海道と出会う。少年時代を旧満州で過ごした山田監督にとって、北海道の風土はかの地を思い出させて懐しかったという。いろいろな土地から人が集まり、助け合って生きているところも似ている。

「家族」の撮影に当って、山田監督は当地で酪農をしながら小説を書いていた玉井裕志さんと知り合う。玉井さんは、山田監督に酪農の厳しさを語り、さらに撮影のための酪農家を紹介した。

玉井裕志さんがのちに出版する小説集『萌える大草原』（草の根出版会、一九八七年）には、酪農を夢みて、昭和三十三年に別海に酪農開拓者として入植したものの、その暮しがいかに大変だったかが詳しく綴られている。牛という生き物を相手にするのだから休息がない。小学一年生の娘さんが交通事故に遭い、奥さんが入院に付き添った時は、牛の世話から家事まで、何から何まで一人でしなければならなかった。睡眠はろくにとれず、食事を作る暇もなく、空腹にただ耐えるしかなかった。この時、手紙で励ましてくれたのが「家族」のロケで知り合った山田監督だったという。

「家族」には最後、開拓村にたどりついた倍賞千恵子のセリフに玉井さんが山田監督に語ったという言葉が使われている。

ようやくたどり着いた中標津（ロケは隣りの別海）で、祖父が倒れる。夫の井川比佐志が悄然として泣く。それを妻の倍賞千恵子が慰め、励ます。

「亮太さん（先に入植した友人）が言うとったよ。六月になって春が来て、春になっとね、見渡す限り緑になって、花がいっぱい咲いて、牛がもりもり草を食べて、乳ばどんどん出して、そん時になって住んどる人間もこん広か土地と生き返ったような気がして、そん時は誰でも、ああ、今年こそ何かよかことありそうなって、そう思うて。その時を楽しみにせんば。六月まで、あとふた月」

そして映画は、六月の緑の大地のなかで生き返ったような二人の笑顔を見せて終わる。

個人的なことになるが、玉井裕志さんが文芸誌「海燕」一九八二年十月号に「排根線《はいこんせん》」を発表された時、素晴しい小説だったので「文學界」十一月号に、連載中の「文芸時評」で紹介した。喜ばれた玉井さんから丁寧な礼状をもらったのを覚えている。

山田洋次監督は「家族」のあと、再び、根釧原野の酪農家を舞台に「遙かなる山の呼び声」を作る。やはり中標津、別海で撮影されている。

夫を亡くし、小学生の息子（吉岡秀隆）と二人で牧場を営む倍賞千恵子の家へ、過去のある男、高倉健が現われ、「働かせてくれ」と言う。三人の暮しが始まる。

倍賞千恵子の役名は、風見民子。「家族」の時と同じ。続篇の趣きがある。ちなみに「風見」は、長塚節原作、内田吐夢監督「土」（39年）で農家の娘を可憐に演じた風見章子を思わせる。「続　男はつらいよ」（69年）では寅が実母と間違える品のいい女性を演じている。「民子」は、伊藤左千夫原作、木下惠介監督「野菊の如き君なりき」（55年）で新人の有田紀子が演じた少女、民子と同じ。

「遥かなる山の呼び声」の牧場も別海にある。ただ、高倉健が馬に乗るところ、また草競馬の場面は中標津で撮影された。

草競馬が行なわれた場所（南中《みなみなか》競馬場）を確認するのは結構大変で、三軒ほどで道を尋ね、ようやく探し当てた。北海道の人が言う「すぐそこ」が実際はかなり遠かったのが探しにくかった一因。それだけに、夕暮れ時、まだ当時のままの草競馬場を見つけた時はほっとした。

「遥かなる山の呼び声」では、高倉健は最後、警察に逮捕され、網走刑務所に送られる。倍賞千恵子と友人のハナ肇が弟子《てし》屈《かが》駅（現在の駅名は、摩周駅）でその列車に乗り込み、二人の会話で、彼女が出所を待っていることを知らせる。

ハッピーエンドではあるが、実はその前に、民子が、結局、牧場を維持出来なくなり、離農して中標津の町に出たことがわかる。画面には、廃屋になった家が雪におおわれる荒涼とした姿が映し出される。ここにも「離農」の現実がある。

駅が消えてゆく

「家族」では、一家は長崎から鉄道を乗り継いで長い旅をする。青函連絡船で北海道に着いてからは、室蘭本線、根室本線、そして釧路の先の厚床《あっとこ》からは標津《しべつ》線に乗り換え（列車内にストーヴがある）、冬の寒い夜、ようやく中標津駅に着く。

この標津線（厚床―中標津間と標茶《しべちゃ》―中標津―根室標津間の二線を総称する）は一九八九年に廃線になった。北海道では鉄道が次々に廃線になっている。二〇一四年は、江差《えさし》線の江差―木古内《きこない》が廃線になった。存続が危ぶまれていた留萌《るもい》本線（深川―増毛《ましけ》間）も近々、廃線になるようだ（二〇一五年に、ついに廃線）。増毛駅は降旗康男監督の「駅　STATION」（81年）で、高倉健が帰省のために降り立った駅。この町の小さな飲み屋でおかみの倍賞千恵子と知り合った。

映画に登場した駅が次々に消えてゆく。北海道を旅していて寂しい気持になるのはそんな時だ。「遥かなる山の呼び声」には標津線の上武佐《かみむさ》駅が出てくる。高倉健が、函館からやって来た兄の鈴木瑞穂とひそかに会う駅。中標津駅と根室標津駅のあいだにある。映画の時点でも、小屋のような駅舎がぽつんと建っているだけで、商店らしいものはない。鈴木瑞穂は食事をするところがないので困る。

中標津駅は町の中心にあったから、現在はバスターミナルになっている（建物のなかに標津線の資料展示室がある）。近くに町役場や図書館もある。それに比べ、上武佐駅のあったところに行ってみると、駅舎はないし、レールははがされている。すたれるままになっている。駅前には木造の旅館が廃屋になって残っていて、それが寂しさを増す。救いは町の人が建てた「遥かなる山の呼び声」のロケ地になったことを示す案内板があることくらい。

なくなったといえば――。

中標津の町から西に車で三十分ほど走ったところに養老牛《ようろううし》温泉という温泉がある。旅館が三軒ほど。なかに旅館藤やという温泉宿がある。山田洋次監督が好きな旅館で、「夜霧にむせぶ寅次郎」の最後、中原理恵の結婚披露宴がここで開かれる。以前、一度、泊ったことがあるが、こぢんまりとした、家族的ないい旅館だった。

ところが今回、行ってみたらなんと店仕舞いしていた。これも一種の「離農」、と寂しくなる。

中標津を夕方に出て、南へと下り、根室に着いた時はもう夜になっていた。

「夜霧にむせぶ寅次郎」では、中原理恵演じる理容師は根室出身という設定。彼女が働くことになる小田原理容店（昭和四年創業）が健在だったのは思いがけなく、安心した。

根室はロシアとの緊張関係から主要産業の漁業が不振で、人口も減っている（三万人弱）。夜、食事をするところを見つけるのもひと苦労した。仕方なく、回転寿司の「花まる寿司」に入ったのだが、ここが予想以上に素晴しい店で、大満足した。あとで根室では有名店と知った。東京にも支店があるという。今度、行ってみよう。

「お父ちゃん、泣いてないよ」

根室に一泊し、翌朝、根室本線に乗る。

「夜霧にむせぶ寅次郎」は寅の恋もさることながら、佐藤B作演じるしがないサラリーマンの女房探しのエピソードが最高に切なく、面白い。

釧路を旅する寅は、理容師の女性風子《ふうこ》（中原理恵）と知り合い、安旅館に同宿する。たまたま宿が混んでいて、冴えないサラリーマンと相部屋になる。

この男、女房に逃げられてその行方を追っている。ようやく釧路と根室のあいだの霧多布《きりたっぷ》というところに女房がいるとつきとめ、これからそこに行くと言う。この情けない佐藤B作のしょぼくれたサラリーマンぶりが泣かせる。「男はつらいよ」シリーズの傍役のなかのベストではないか。とくに、家でお祖母ちゃんと留守番をしている小さな娘に部屋から電話をして、「お父ちゃん、泣いてないよ」と泣きながら言うところは、背中のわびしさがなんともやるせない。

この、女房に逃げられたサラリーマンを哀れに思った寅と理容師の風子が付添って霧多布に行くことになる。根室本線に乗り、茶内《ちゃない》駅で降りる。霧多布湿原への最寄り駅。

ローカル線の小駅。この駅が見たくて、朝、根室駅から列車（気動車）に乗った。KさんとHさんがそれを車で追う。ちなみに根室本線の根室―釧路間は現在、花咲線と呼ばれている。花咲ガニで知られる花咲港からとられている。

根室駅（大正十年開設）を出た列車は、次に日本最東端の駅として知られる東根室駅に停車する。開設は昭和三十六年と新しい。なんと駅舎がない。木製のホームだけ。

花咲駅を過ぎるあたりから左手に広大な太平洋が見えてくる。とりわけ落石《おちいし》―別当賀《べっとが》間は列車が海に面した段丘の上を走るので、太平洋が一望出来る。北海道の鉄道風景のなかでも絶景のひとつ。人家がほとんど見えない。荒れ野のなかを走っているよう。

根室から一時間ほどで茶内駅（大正八年開設）に着く。映画のなかでは駅員がいたが、現在は、小さな無人駅。ただ、駅前には金物屋、呉服屋などの商店がいくつか見える。

今回、はじめて知ったのだが、「ルパン三世」で知られる漫画家モンキー・パンチは、茶内駅のある浜中町の出身だという。駅のなかには「モンキー・パンチの故郷、浜中町にようこそ」と書かれたパネルがある。あのモダンな絵を描く漫画家が、こんな北の端で生まれ育ったとは意外。

しばらく駅で待っているとKさんとHさんが到着した。「夜霧にむせぶ寅次郎」では寅たち三人が茶内駅からタクシーで海側の霧多布湿原に向かった。それに倣ってわれわれも駅から湿原に向かう。林を抜けると湿原が広がる。ところどころに人家が見える他は、何もない。しかし、湿原は命の源といわれるほど、多くの生命を宿しているという。人知れず息づいている。

映画のなかでは、この湿原の掘立小屋のようなところに、女房が、駆け落ちした男と暮している。佐藤B作が物蔭から覗いてみると、女房は幸せそう。子供までいる。「駄目だ、こりゃ」とあきらめるサラリーマンの姿がわびしい。

この場面、女房と男を遠景でとらえていて二人の顔を見せない。二人がもう遠い世界に行ってしまったことが分かる。

しかも、二人が住む家は、荒涼茫漠とした湿原のなかに、世の中から取り残されたように建っている粗末な一軒家。二人が世捨人に見えてくる。

ロケしたところは、このあたりだろうと見当をつけて、潮見橋という橋の畔《ほとり》で車を降り、付近を歩いてみる。

小さな鉄工場のような建物があり、訪いを入れると、老主人が「その映画なら確かにここで撮影した。見に行った覚えがある。コンブ小屋を使っていたと思うが、小屋は三月十一日の津波でやられてしまった」と話してくれた。

このあたりにも津波が来たか。そう思って見ると湿原は、いっそう寂しく見える。「男はつらいよ」はよく、なまぬるい人情話と批判されるが、実際にロケ地を歩いてみると、山田監督は思いもかけない荒涼とした風景をとらえていて、そのことに新鮮な驚きを覚える。

5　奥尻島「渥美清がうちに来るなんて」

函館空港から小型機で約三十分で奥尻島に着く。八月の末の平日。乗客はわれわれ（編集者のKさんとHさん）三人を入れても十人もいなかった。小さな空港を出ると、広場にアジサイとヒマワリ、コスモスが咲いている。初夏の花、夏の花、秋の花が一緒に咲く。北海道らしい。

函館の北西、日本海に浮かぶ奥尻島は、周囲約84キロ。北海道の島では利尻島に次いで大きい。この島は、シリーズ第二十六作「寅次郎かもめ歌」（80年、伊藤蘭主演）の舞台になっている。

秋、寅は北海道の日本海に面した江差で商売をする。ニシン漁で栄えた町だが、長く続く不漁でかつてのにぎわいはなくなっている。海辺では、「江差追分」の大会が開かれているが、人出は思ったほどなかったようで、寅たち、テキヤの商売はぱっとしない。

仲間のポンシュウ（関敬六）は「今年は、さっぱりだなあ」と嘆く。

北海道はこの映画が作られた頃から札幌一極集中が進み、他の町が人口を減らしていっている。江差町も現在、人口が一万人を切っている。二〇一四年には、JR江差線の木古内―江差間が廃線になったばかり。

寅たちが江差で商売をしている季節は、晩秋だろうか。仲間たちと寒そうに、ドラム缶の火にあたる。北海道では一年は九ケ月しかないという。これから冬が始まる。寅も帽子にマフラーを巻いて火にあたっている。北海道の冬の厳しさと、テキヤ稼業の厳しさが重なり合う。「男はつらいよ」は決していつも笑いがあるだけではない。

火にあたりながら、寅は、江差の沖合いにある奥尻島に、知り合いが住んでいることを思い出す。「あいつ、どうしている？」と仲間に聞くと、シッピンの常と呼ばれていたその男は、病死したと教えられる。柴又に帰ると馬鹿なことを言っては人を笑わせている寅の顔が曇る。線香をあげに奥尻島に行くことになる。仲間たちが香典を出し合う。義理堅い。寒々として、それゆえに心に残る場面。

寅は江差からフェリーに乗る。満員の船室の片隅で香典袋に「香典」と書く。柴又では馬鹿をする寅だが、旅先ではしっかりしている。

奥尻島に着くと、シッピンの常の家を訪ねる。海辺の町はずれにぽつんと建っている。漁師の船小屋のような家。奥尻島の南端、青苗《あおなえ》地区で撮影されている。

空港から乗ったタクシーの運転手が案内してくれる。空港から五分足らずのところ。海を望むように広いテラスがある。二〇〇〇年に作られた、高さ六メートルの津波対策の人工地盤。望海橋と呼ばれ、地震の時には、約二千人がここに避難出来る。島の人口は現在、約三千人。

奥尻島は、一九九三年七月十二日の午後十時十七分、大きな地震に襲われた（北海道南西沖地震）。最大三十メートルを超える津波、さらに火事が加わり、全島で死者百七十二人、行方不明者二十六人の犠牲者が出た。

奥尻島を訪れるのは二度目になる。ＪＴＢ時代の月刊誌『旅』の仕事で来たことがある。地震の前だった。その時も「寅次郎かもめ歌」のロケ地を歩いた。

直後に地震が起きたので、驚いた。津波の怖さを思い知らされた。その旅では、島の西側にある神威脇《かむいわき》温泉という民宿のような小さな宿に泊った。一人旅の人間に朝からウニ丼を出してくれた親切なおかみさんがいた。

破壊された町

地震から二十年以上たって、島はすっかり復興している。タクシーの運転手は、望海橋の上に立って、青苗漁港と青苗の町が地震の時、どんなだったかを指さして場所を示しながら話してくれる。

漁港も町も全滅した。自分の家もなくなった。淡々とした話し方だけにかえって胸を打つ。われわれが「男はつらいよ」のロケ地めぐりで島に来たと言うと、この四十代と思われる運転手（社長さんでもある）は、思いもかけないことを言った。

「自分、『男はつらいよ』大好きなんですよ。ビデオ、全部持っていますよ。テレビで放映したのを録画したやつなんですけど。札幌の大学に行ってた時、先生に、きみは奥尻島の出身か、『男はつらいよ』に出てきたねと言われたのはうれしかったね」

そう言って、運転手は、望海橋から漁港のほうを指さし、「あのあたりに、伊藤蘭の家があった。津波と火事でやられちゃったけど」と教えてくれる。「寅次郎かもめ歌」には地震で破壊される前の青苗地区の町並みが映っている。肉屋、食堂、旅館。みんな津波で消えた。
だから運転手は「寅次郎かもめ歌」を時々ビデオで見返して懐しくなると言う。日本各地でロケされた「男はつらいよ」はいまではその町の歴史になっている。

「寅次郎かもめ歌」でテキヤの娘を演じたのは伊藤蘭。奥尻島のイカの加工場で事務員として働いている。寅が訪ねてゆく。川尻水産というその加工場は、映画のなかでもその名前のままで、現在も健在。青苗地区より少し北に行った、フェリーの着く奥尻港の近くにある。運転手がそこに連れて行ってくれる。

映画のなかと同じ、イカの加工場と、事務棟がいまも健在。三十年以上前と同じなのに少しく感動する。このあたりは幸いに地震の被害が少なかったという。

事務棟に訪いを入れると、川尻水産の社長、川尻治さん（七十四歳、取材時）のお宅でもあり、『男はつらいよ』のことで……」と切り出すと、すぐに笑顔で家に入れてくれる。「時々、そういう人が来るんですよ」。「男はつらいよ」の人気を改めて思い知らされる。

川尻さんは、撮影中、イカの加工場で働くあき竹城が何度も演技をやり直させられていたこと、渥美清が休憩時間に居間の「そこのソファ」に座ってくつろいでいたことを話してくれる。三十年以上も前のことが大事に記憶されている。「渥美さんは物静かな人で、自分の出番までじっと座っていました」。

川尻水産から少し行くと、奥尻地区で、ここは島ではいちばんにぎやかなところ。フェリーの発着する港に近い。商店が何軒もある。今夜の旅館もここにある。

商店街のなかに、まつや食堂がある。渥美清をはじめ撮影スタッフがよく行ったという。創業五十年を超える。「元祖奥尻塩ラーメン」を謳っている。

店に入って「『男はつらいよ』を辿る旅をしていて……」と切り出すと、おかみさんはすぐに笑顔になって「そうなのよ」と、大事に取ってあった渥美清のサインを見せてくれる。

それがきれいな色紙ではなく、普通の紙に書かれたものらしく、もうボロボロになっている。「だって、渥美清がうちに来るなんて思いもよらないでしょ。色紙の用意なんてしていないから、子供の画用紙に書いてもらったの」。紙のボロボロぶりがかえって「男はつらいよ」の歴史を感じさせる。

テキヤの死

寅は自由に旅をしていて、のんきに見えるが、暮しは不安定。いつ旅先で死ぬかも分からない。渥美清は、放浪の俳人、種田山頭火に関心を持っていたが、当然、放浪の旅の無常も知っていただろう。

「男はつらいよ」全四十八作のなかで、テキヤの死が描かれる作品が三本ある。

第五作「望郷篇」(70年、長山藍子主演)では、北海道のテキヤの親分(木田三千雄)が死ぬ。寅が死の床を見舞う。第二十八作「寅次郎紙風船」(81年、音無美紀子主演)では、福岡県の秋月に住むテキヤ仲間の常三郎(小沢昭一)が死ぬ。やはり寅は死の床を見舞う。そして「寅次郎かもめ歌」では、奥尻島に住むシッピンの常(俳優は登場しない)が死ぬ。

「男はつらいよ」は渡世人の寅の自由気ままな旅を描きながら、その気楽さのなかにテキヤの死という彼らの暮しの厳しさを差し込むことを忘れない。

「寅次郎かもめ歌」で寅は、シッピンの常の娘、伊藤蘭に案内されて墓参りに行く。場所は、島の北東端、賽《さい》の河原《かわら》。奥尻町でレンタカーを借り、Kさんの運転で海沿いを北へと走る。

奥尻港の近くには以前、洋々荘という地元ではよく知られた旅館があった。映画のなかでは寅がここに泊る。地震の時、うしろの山が崩れ、旅館が埋まり、宿泊客が何人も亡くなった。旅館があったところには慰霊碑が作られている。

賽の河原は、海に突き出た岬の突端にある。無数の石がころがっている。大小の石が積みあげられている。地蔵や卒塔婆が建てられている。海難事故者、幼なくして亡くなった者を慰霊している。そしてここにも地震の犠牲者の霊が祀られている。霊場である。

われわれが行った日は、夏の晴れた日だったが、映画のなかでは晩秋で、賽の河原一帯には、寂寥感があった。テキヤのわびしい死を感じさせた。

車で島を一周した。山々はブナの原生林におおわれて緑が濃い。放牧されている牛も見える。西海岸に出ると、奇岩が目立つ。井上靖原作、佐藤純彌監督、緒形拳主演の「おろしや国酔夢譚」(92年)は一部、ここで撮影されている。

西側には意外なことにワイナリーがあった。「奥尻ワイン」といって地震のあとに生まれた。ワイン好きのあいだでは知られているという。ワイナリーで試飲した。Hさんはワイン通だが、非常においしいとおみやげに買っていた。復興後の奥尻島の象徴になっているようだ。

奥尻島は、プロ野球選手、佐藤義則の出身地。名投手として知られただけではなく、ダルビッシュ有、田中将大を育てた名コーチとしても評価が高い。現在はソフトバンクのコーチ。島には、佐藤義則野球展示室が作られている。ガラス張りのコテージのような瀟洒な建物だった。父親は島の漁師だったという。地震のあと、何度も島を訪れ、子供たちを励ます野球教室を開いている。篤実な人柄を感じさせる。ソフトバンクの優勝には佐藤コーチの力も大きかったのではないか。

西海岸を南へ下る。水田があるのに驚く。明治時代に開発されたという。北海道の島で米が作られていたとは。

南端の青苗岬に奥尻島津波館がある。あの地震を記憶し、死者を慰霊するために作られた。しんと静まりかえり、聖堂を思わせる。子供たちの「怖かった」という作文は胸が詰まる。そういえば、映画化もされた桜庭一樹の直木賞受賞作『私の男』の「私」は、奥尻島の地震で生き残った子供だった。

館は海に面している。館の外の緑地に少し小高くなったところがあり、そこに慰霊碑が建てられている。奥尻島は慰霊の島である。天皇、皇后両陛下は、地震直後に島を訪れている。その時に詠まれた天皇陛下の歌が碑に刻まれている。

「壊れたる建物の散る島の浜　物焼く煙立ちて悲しき」

奥尻島で一泊したあとフェリーで江差に向かった。

島で会った人たちは、気のいい人が多かった。「男はつらいよ」が大好きと言っていたタクシーの運転手をはじめ、突然訪ねたのに笑顔で応対してくれた川尻水産の社長。Hさんが置き忘れたバッグを車で届けてくれたレンタカー屋の主人。丁寧にワインの説明をしてくれた奥尻ワイナリーの若い女性。ボロボロになった渥美清のサインを見せてくれた、まつや食堂のおかみさん。閉館間際に行ったのに嫌な顔をせずに入れてくれた佐藤義則野球展示室の女性……、宿屋ではわれわれが、持ち込んだ奥尻ワインを部屋で飲もうとすると、若者がコップを運んで来てくれた。彼は地震のあとに生まれたという。

北海道は好きな旅先で、これまで数十回、出かけている。行くたびに、いい旅になる。風景が素晴しい。食べ物がおいしい。そして何よりも人がいい。これは北海道の人の多くがもともとは他の土地から来ているために、旅行者に親切だからではないか。山田洋次監督が北海道で多くの作品を撮っているのもそのためだろう。

江差では、二〇一四年、廃線になった江差線の江差駅を見に行った。小さな駅がぽつんと残っていた。「ありがとう江差駅」の案内表示が建てられていた。

廃線になる前年の夏、札幌の友人たちと江差線に乗りに行った。廃線になるということで大勢の鉄道ファンが江差にやってきた。ところが駅は町はずれにあり、鉄道ファンは駅で降りると、町まで出ることなく、次の列車で函館に帰ってしまう。町の人は「せっかく駅まで来てくれているのに町には来てくれない」と嘆いていた。

鉄道がなくなったので、江差からバスで函館に向かう。鉄道に沿って走るのかと思ったら厚沢《あっさ》部《ぶ》町、北斗市と山間部を走る。はじめて見る風景なので見ていて倦きない。

函館には夕方着いた。

第十五作「寅次郎相合い傘」(75年)では、寅は、八戸《はちのへ》で知り合った家出したサラリーマン、船越英二と函館に行く。港近くの屋台でラーメンを食べている時、偶然、第十一作「寅次郎忘れな草」(73年)で知り合った旅回りの歌手のリリー、浅丘ルリ子に再会する。

函館に一泊した三人は、そのあと長万部《おしゃまんべ》、札幌、小樽と旅することになる。

それに倣って、われわれ三人も函館に一泊したあと小樽に向かう。函館から函館本線で長万部に出て、そこで小樽を経て札幌に行く函館本線(いわゆる山線)に乗り換える。以前は、札幌に行くのはこちらが主だったが、現在では室蘭、苫小牧、千歳を経由する室蘭本線(海線)・千歳線にとってかわられてしまった。

そのために函館本線の列車の本数は少ない。せっかく朝早く着いたのに、長万部で一時間ほど待たなければならない。駅周辺には見るべきものはない。朝早いので店も開いていない。一時間待ちは結構つらい。

ただ、名物のかにめしを待合室で食べることが出来たのが慰め。「寅次郎相合い傘」では三人が長万部駅で降りてカニを食べることになる。おかげで宿代がなくなってしまうのだが。

ようやく函館本線の列車が入線する。二両だけの気動車。小樽行きだが、途中、寄り道をする。倶知安《くっちゃん》の先(小樽の手前)の小沢《こざわ》駅と蘭島《らんしま》駅を見たい。小沢駅は第五作「望郷篇」に、蘭島駅は「寅次郎相合い傘」に登場する。ちなみに第二十三作「翔んでる寅次郎」(79年)では、田園調布のお嬢様、桃井かおりが北海道を一人旅し(山田洋次監督は本当に北海道が好きだ)、支笏《しこつ》湖のあたりで寅と会う。

支笏湖にも行きたいがここは観光地だし、室蘭本線の沿線だから今回は割愛。小沢駅、蘭島駅には鉄道で行きたいのだが、なにしろ本数が少ないので、車で行くことにする。

函館本線では大きな駅、倶知安で降り、町でレンタカーを借りる。Kさんの運転に頼ることになる。倶知安駅には四年ぶりに来たが、驚いたことに駅のなかのキオスクがなくなっていた。町の人口が減っているためだろうか。

最後の蒸気機関車

小沢駅はトンネルとトンネルのあいだにある。明治三十七年(一九〇四)の開設。かつては岩内線の分岐駅だったが、昭和六十年(一九八五)に廃線になってしまった。以来、駅はさびれてしまい、駅前の商店も五、六軒あるくらい。

「望郷篇」では北海道のテキヤの親分を訪ねた寅が、親分の息子(松山省二)が小樽の機関区で機関士をしていると知り、親の死に目に会うようにと、弟分の登(津坂匡章)と小樽まで息子に会いにゆく。しかし、やくざの父親を許さない息子は会いたくないと言い、貨物列車を発車させてしまう。

北海道は最後まで蒸気機関車が残っていたところだが、親分の息子が運転するのも蒸気機関車

（D51形）。貨物列車を引っぱる。煙をあげて走るD51の勇姿がとらえられていて「望郷篇」は鉄道ファンには人気が高い。山田洋次監督が鉄道好きであることも分かる。

最後まで残っていた北海道の蒸気機関車が営業を中止するのは昭和五十一年（一九七六）。従って「望郷篇」に登場したD51は最後の時期の蒸気機関車になる。これについて山田監督が面白いことを語っている。

「（撮影に当って）小樽機関区がありがたいことに初期型のD51を用意してくれたのです。鉄道ファンの間で『ナメクジ』と呼ばれるオールドタイマー。ところが機関区の人たちが総出でピカピカに磨いてくれたんですよ、親切に。それはうれしいんだけど、何だかお召し列車みたいで迫力がなくて閉口しました（笑）」（「旅と鉄道」朝日新聞出版、二〇一二年十二月号増刊）。

国鉄の鉄道員たちは、北海道から消えてゆく蒸気機関車が「男はつらいよ」に出演すると知って張切ったのだろう。その気持は理解出来る。

「望郷篇」では寅が浦安の豆腐屋で働くことになり、例によってその店の娘（長山藍子）に惚れてしまう。当然、振られる。娘には恋人がいた。

井川比佐志演じるその恋人は、国鉄の機関士。寅に言わせると「罐焚《かまた》き」。寅に、彼はこう言う。「三年前まで蒸気機関車に乗っていましたけど、いまはディーゼルです」。七〇年代に入って蒸気機関車が消えていっていることが分かる。このあたりも山田監督の鉄道好きがうかがえる。

小沢駅は、日本海に面した岩内町に行く岩内線の分岐駅だったが、前述したようにこの鉄道は昭和六十年に廃線になった。駅の階段の脇に「旧国鉄岩内線一番ホーム跡地」の木製の案内表示が、階段に隠れるように建っている。

廃線といえば第三十一作「旅と女と寅次郎」(83年、都はるみ主演)には廃線となった北海道のローカル鉄道が登場する。倶知安と内浦湾に面した伊達紋別を結ぶ胆振《いぶり》線。羊蹄山(蝦夷富士)の麓、さらに洞爺湖の近くを走る。昭和六十一年(一九八六)に廃線になった。

「旅と女と寅次郎」では最後、また旅に出た寅が胆振線の羊蹄山の山麓、京極駅に降り立つ。寅はこんな小さな町まで旅していたかと驚く。

「望郷篇」では、テキヤの親分の息子、松山省二の乗った貨物列車が函館本線を小樽から倶知安へと疾走する。それを寅と登がタクシーで追う。ようやく小沢駅で列車に追いつく。寅は、親の死に目に会いに行けと繰返し説得するが息子は嫌だと断わる。寅の奮闘は徒労に終わる。仕方なく小沢駅前の旅館に泊る。

現在の小沢駅は無人駅。かつては駅員が三十人ほどいたという駅もいまは閑散としている。ただ幸いなことに、駅前に当時からあった銘菓「トンネル餅」の店、末次商店が残っている。店内には「男はつらいよ」の写真が飾られている。撮影当時、店は駅前で食堂も営んでいて、そこを寅と登が泊る旅館に見立てたという。

小沢駅の小さな駅舎のなかには訪れた人が思いを書き残すノートが置いてある。それを見ていたら、台湾から北海道へ、自転車旅行に来たメンバーの名前があった。台湾の旅行者がこんなところまで来るとは。

小沢駅は共和町になる。この町は、かかしが名物になっているほどの豊かな田園地帯、ではあるのだが――。

いま手元に北海道新聞社の知人に送ってもらった『開拓地のくらし1948―1976』という写真集がある。昭和五年、共和町小沢に生まれた前川茂利さんが自費出版した（一九八二年）。郵便配達をしながら開拓農民の暮しを撮り続けた。

戦後、「小沢開拓地」と呼ばれる開拓地が小沢に作られた。ニセコ連峰の麓に、樺太からの引揚者や戦災者が入植した。しかし、高冷地であったため入植者は悪戦苦闘した。子供から年寄りまで豪雪のなかで働いても満足な収穫はなかった。病没する者、自殺する者、離農する者が相次ぎ、ついに昭和五十一年、最後の一人が村を去った。

『開拓地のくらし』はその苦闘の歴史をとらえている。現在の緑豊かな共和町からは想像がつかない。それも「望郷篇」が作られていた頃のこと。粛然とする。「遥かなる山の呼び声」（80年）の離農した倍賞千恵子の家が、雪に埋まってゆく姿を思い出す。北海道のあちこちであったことなのだろう。

「女が幸せになるには」

「寅次郎相合い傘」には好きな場面がある。寅、家出したサラリーマン、リリーの三人が函館から小樽へと旅をする。小樽に近づいたところで金がなくなる。宿屋には泊まれない。仕方なく三人は小さな駅で野宿する。夏だから出来ることだが、当時、北海道の旅ではこういう野宿は珍しいことではなかった。

この駅は函館本線の小樽と小沢のあいだにある蘭島駅（明治三十五年開業）。

小沢駅を見たあと、車で蘭島駅に行く。ここはもう小樽市になる。小さな駅だが、周囲は住宅地になっている。駅舎も一戸建て住宅のよう（撮影当時の木造の駅舎がその後、改築されている）。ここは簡易委託駅。昼間だけ、町の人が駅員として働きに来る。

特色のある駅ではないが、「男はつらいよ」ファンにはよく知られている。駅で野宿したあと、朝、船越英二がパジャマ姿で現われ、きちんと歯を磨くのが笑わせる。

蘭島駅から三人は小樽に向かう。何故、小樽なのか。家庭生活に不満があって家を出たサラリーマン、船越英二には昔、別れた恋人（岩崎加根子）がいた。小樽で喫茶店を開いている。彼女に会いに小樽に来た。

この喫茶店は現在はないが画面に映っていた歯科医院が健在で、それを手がかりに場所を探し出すことが出来た。

小樽は現在、運河の町として人気があるが「寅次郎相合い傘」が作られた一九七五年頃には運河の汚れがひどく一時は埋立ての話もあった。それでも市民の保存の努力が実った。それには運河の風景をとらえた「寅次郎相合い傘」の力もあったのではないか。

別れた恋人に再会した船越英二は結局は逃げるように去る。小樽港の埠頭で寅に悄然として「僕っていう男はたった一人の女性すら幸せに出来ないダメな男なんだ」と嘆く。

それを聞いたリリー、浅丘ルリ子が胸のすくタンカを切る。「気障ったらしいね、言うことが」「幸せにしてやる？　大きなお世話だ。女が幸せになるには男の力を借りなきゃいけないとでも思っているのかい？」。

浅丘ルリ子は、これで女を上げた。

坂と海と運河のある小樽はもう一作、「男はつらいよ」に登場する。第二十二作「噂の寅次郎」（78年）。夫と離婚した大原麗子が最後、故郷の小樽に帰る。正月にとらやに年賀状が来る。それが雪の運河の絵葉書だった。

6　寅と吉永小百合が歩いた石川、福井

金沢の町が古都として若い女性たちに人気が出るようになったのは一九七〇年代になってからだろう。

一九七〇年に、当時の国鉄が電通に依頼し「ディスカバー・ジャパン」の大キャンペーンを始めた。「美しい日本と私」と銘打たれたように、古い日本の町の良さを再発見するための旅を宣伝した。

京都、奈良、鎌倉、そして金沢などの古都が若い女性の旅先として人気が出た。折りから女性誌の「アンアン」（七〇年創刊、平凡出版、現在のマガジンハウス）、「ノンノ」（七一年創刊、集英社）が積極的に、これらの古都の魅力を紹介したため、若い女性の観光客が増え、「アン・ノン族」という言葉が生まれた。

女性の社会進出が急速に進んだ時代でもある。働く若い女性が、日本の古都へと旅に出る。それまでの日本には見られなかった新しい現象といっていい。

一九七二年の夏に公開された「男はつらいよ」の第九作「柴又慕情」の、吉永小百合演じる歌子はまさにこの時代に登場した新しい働く女性で、二人の女友達（高橋基子、泉洋子）と金沢を

中心に永平寺、東尋坊へ旅をし、寅と知り合うことになる。明らかにその背景に「ディスカバー・ジャパン」がある。

金沢までは二〇一五年、北陸新幹線が開通し、金沢21世紀美術館が若い女性に大人気になっているが、「柴又慕情」の頃が、第一次の金沢ブームだった。

それまでも金沢は、空襲に遭わなかったため古い町並みのある古都として知られてはいたが、格別の観光地ではなかったと思う。能と九谷、雪吊り、ゴリの町。あるいは、三人の文学者、泉鏡花、徳田秋声、室生犀星の出身地。金沢といえばそんな地味な町だった。

それが「ディスカバー・ジャパン」によって古都として「発見」された。

「柴又慕情」で歌子たち三人の若い女性は、古い町並みが残る長町《ながまち》武家屋敷群を歩き、兼六園に行く。定番の観光コースである。兼六園近くの茶屋が並ぶ通りで、たまたま渥美清の寅が観光客相手に商売をしている。

犀川畔の宿

ここまでは、観光名所を見せる観客へのサービスショットだろう。そのあとが面白い。商売を終えた寅は夕暮れ時、坂を上って木造の旅館へと歩く。旅先で寅が泊るのはいつも小さな商人宿と決まっている。

この旅館はどこで撮影されたのか。今回の金沢への旅の目的はそれを探すことだったが、答えはすぐに見つかった。

映画のなかで、朝、寅が目を覚ます。部屋の窓からトラス橋が見える。形から、市内を流れる犀川《さいかわ》に架かる犀川大橋と分かる。旅館はこの橋の畔にある。

新幹線で金沢に着くとすぐに目印となる犀川大橋に行った。犀川を見下す坂（蛤坂《はまぐりざか》）の途中に建つ木造四階の建物が、異彩を放っているのですぐにそれと分かる。近年まで東京の本郷にあった木造三階建ての下宿屋を思い出させる。

山錦楼《さんきんろう》という料理旅館（現在では料亭）で大正末に建てられている。金沢ではよく知られている保存建造物だという。本来なら、しがない寅が泊れるところではない。それを「商人宿」ふうに見せた。外見だけだとそう見えなくもない。

「柴又慕情」では、吉永小百合の歌子たちもこの宿に泊る。一九七〇年代はじめ、まだ金沢には若い女性たちが手軽に泊れるホテルが少なかったからだろう。

私などの世代で、金沢が登場する映画といえば、昭和三十六年（一九六一）に公開された松竹映画、松本清張原作、野村芳太郎監督「ゼロの焦点」をすぐに思い出す。

新婚早々の夫（南原宏治）が仕事で金沢に出かけたきり帰って来ない。心配した妻（久我美子）が夫の行方を追って金沢に行く。

この時、彼女が泊る宿だが、ＤＶＤで確認すると、窓から犀川が見えるので山錦楼で撮影されたのではないか。

映画「ゼロの焦点」は冬に撮影されているので、現在からは考えられない、雪が高く積もった町並みがとらえられている。高い建物も少ない。とうに廃線になった路面電車が寺町あたりを走る場面も貴重。久我美子がこの電車に乗る。いまになって思えば富山市のように金沢も路面電車を残しておけばよかった。

寅が泊った山錦楼が確認出来たので、金沢駅まで歩く。途中、犀川大橋近くの商店街で面白い案内板を見た。

「『武士の家計簿』の猪山直之の家はここ」とある。森田芳光監督、堺雅人主演で映画にもなった（10年）、歴史学者、磯田道史の『武士の家計簿「加賀藩御算用者」の幕末維新』（新潮新書、二〇〇三年）の武士はこんな町なかに暮していたのか。

尾小屋鉄道のバケット・カー

金沢から北陸本線で小松に行く。普通列車で三十分ほど。北陸新幹線が開通するまで東京から金沢まで鉄道で行くとかなり時間がかかった。半日がかりだった。新幹線の開通で、大幅に時間が短縮された。午前中に金沢に着き、町を歩き、そのあと小松に着いたのは昼過ぎ。

小松は小松製作所の創業の地。東口には大きなダンプトラックが展示されている。古くは芭蕉が「おくのほそ道」の旅で立ち寄っている。歌舞伎の「勧進帳」の舞台、安宅の関が近い。西口の駅前には、義経、弁慶、富樫の像がある。駅の近くの公園には、北陸本線を走った雷鳥（ボンネット型先頭車）が静態保存されていた。

なぜ小松に来たのか。

かつて小松から山間部の尾小屋《おごや》まで行く、尾小屋鉄道という軽便鉄道が走っていた。もともとは尾小屋にあった銅山のために作られたが（大正八年開業）、沿線住民の生活の足にもなった。非電化のナローゲージで、玩具のような小さな気動車が田園のなかを走る姿が可愛く、鉄道好きに人気があったが、一九七七年に廃線になった。

この鉄道が「柴又慕情」に出てくる！

アヴァン・タイトル。寅が例によって、他愛ない夢を見て目を覚ます。田舎の駅の待合室。田圃のなかに民家のような駅舎がぽつんと建っている。島式ホームで列車のすれ違いが出来るようになっている。ホーム上には上下二基の腕木式信号機のテコが据えられている。

この駅が、尾小屋鉄道のなかほどにあった金平《かなひら》駅。中間駅では唯一の有人駅で、映画のなかでは、起きたてでまだ寝ぼけている寅に職員が「お客さん、乗りますか、出ますよ」と声を掛ける。寅は、一両だけの気動車にあわてて乗り込む。赤とクリーム色のツートン・カラーの車体。面白いのは、車両のうしろに荷物を置く荷台が付いていること。いわゆるバケット・カー。映画のなかでは駅員がここに牛乳の大きな缶を置いている。生活列車だったことが分かる。

尾小屋鉄道に十回以上、乗りに行ったという鉄道ファン、寺田裕一《ひろかず》氏の『尾小屋鉄道』（ネコ・パブリッシング、二〇〇九年）によると、往時には、出前の寿司を運んだこともあったという。ローカル鉄道らしい。

この金平駅の跡を見てみたい。まだ駅舎やホームが残っているか。

小松駅前から、尾小屋までのバスの便は、朝、昼、晩と一日、三便しかない。かつての尾小屋鉄道（約十七キロ）に沿って走る。

駅前の食堂で軽く昼食をすませ、午後のバスに乗り込む。乗客はお年寄りばかり十人ほど。途中の病院で大半の乗客が降りてしまう。次第に山里に入り、一時間ほどで終点の尾小屋に着く。駅舎はもうない。人家も少ない。

バスの運転手に聞くと、歩いて十分ほどのところに石川県立の鉱山の資料館と、かつて尾小屋鉄道を走っていた蒸気機関車、気動車、客車を保存している小松市立の展示館があるという。

しかし、そこまで行って戻ってくると、バスはもう折返しで発車している。小松市内に行く次のバスは夜までない。今回は一人旅。バスに頼らざるを得ないので、展示館行きはあきらめる。車のない不自由さを痛感する。

このまま小松市内に戻るのはつまらない。途中、「柴又慕情」に登場した金平の駅があったところに行ってみたい。運転手に聞くと金平からは夕方に小松行きのバスがあるという。それで安心して金平で降りて、駅探しをすることにした。

“動態保存”されたローカル線

金平は小さな集落だった。戸数は五十もあるだろうか。寺と神社、公民館、九谷焼の工房があるくらい。

平日の午後、歩いている人がいない。商店もない。しいんと静まりかえっている。「駅はどこにあったか」と聞こうにも人の姿がまったく見えない。

三十分ほど歩いたが、映画に出てきた駅舎は見当らない。あきらめかけた時、ライトバンがと

在りし日の尾小屋鉄道金平駅のバケット・カー（撮影・田中義人氏）

まって、初老の男性が、何をしていると聞いてくる。不審者と間違われたかと一瞬不安になったが、この男性は、「男はつらいよ」に出てきた金平駅を探していると言うと、親切に、「すぐそこだ」と案内してくれる。

集落のはずれに郷谷川《ごうたに》という小さな川がある。橋を渡ってすぐの、いまは雑草のはえる草原が金平駅のあったところだと言う。駅舎もホームも残っていなかった。線路のあとは農道になっている。ただあたりの風景は「柴又慕情」の時のままの山里。

案内してくれた男性は、「そうだ、思い出した！」と突然、大きな声を出した。近くの汐という集落に美容院兼喫茶店があり、そこに尾小屋鉄道の写真がたくさん飾ってあると言う。

男性は親切に、車でそこに連れていってくれる。バスのなかから見えた丸屋根の印象的な建物で、近くで見るとログハウスになっている。小松市内で公務員をしていた人が退職後、自分で建てたという。

あいにく休日で主人はいなかった。代わりに奥さんがいて、これも親切に店を開けてくれる。なかに入って驚いた。

喫茶店の一面に、尾小屋鉄道の全駅（新小松―尾小屋）、十六駅の写真が飾ってある。

御主人の父親がこの鉄道の運転手をしていたので格別、愛着があるのだと言う。

「小さな鉄道で、山道をゆっくり走る。乗客は駅でないところで降りたりしましたよ」「坂に来ると、乗客が降りて押したりもしてね」

奥さんが、尾小屋鉄道がいかに地元の人に愛されたかを話してくれる。昭和五十二年（一九七七）の三月二十日に廃止になった時は大勢の鉄道ファンが集まった。現在、鉄道が廃止になると、最後の日に鉄道ファンが集まるのが恒例になっているが、前出の『尾小屋鉄道』によれば、その始まりは尾小屋鉄道廃線時だったのではないか、とある。

喫茶店には、最後の日の車内を撮った写真も飾られている。奥さんは「ほら、この子供を連れて乗ってるのがわたし。この子も、もう四十歳過ぎて、子供もいるんだものね」と懐しそうに写真を見る。

尾小屋鉄道はなくなっても、「柴又慕情」のなかに、しっかりと〝動態保存〟されている。よくぞこういう小さなローカル線で撮影したと、改めて「男はつらいよ」の面白さを知った。山田洋次監督が、相当な鉄道好きであることが分かる。

先だって（二〇一五年）も、こんなことがあった。

九月の大雨で茨城県を流れる鬼怒川が決壊し、常総市が大きな被害を受けた。県内を走る私鉄、関東鉄道常総線（取手―下館）の一部区間（水海道《みつかいどう》―下妻）が不通になった。十月十日にようやく開通したので乗りに行った。

この日は土曜日だった。このところ毎週土曜日の夜、BSジャパンで「男はつらいよ」が放映されている。常総線に乗って帰って来て、夜、「男はつらいよ」を見ると、この日は第三十九作「寅次郎物語」（87年、秋吉久美子主演）。

冒頭、寅が夢から覚める。ここでも田舎の駅。瓦屋根の木造の小さな駅舎。よく見れば昼間、乗ってきた常総線の中妻駅（常総市）ではないか。寅は常総線にも乗っていたか！

「男はつらいよ」は見るたびに新しい発見がある。

親切な初老の男性に、また車に乗せてもらい、金平まで戻る。そこから夕方のバスで小松市内に戻る。運転手は来る時に乗ったバスと同じ親切な運転手だった。まだ若い人で、「柴又慕情」の話をすると、「自分の生まれるずっと前ですね」と笑った。

その夜は小松駅前のビジネスホテルに泊った。

近くに、猫橋飴屋通りという面白い名前の商店街があり、カウンター主体のいい居酒屋があった。隣りにアメリカ人らしい青年が一人、黙々とホッピーを飲んでいるのには驚いた。地方の町も国際化している。

吉永小百合と大工さんたち

「柴又慕情」の吉永小百合演じる歌子たちは金沢で一泊したあと、福井県の永平寺、東尋坊へとまわる。当時の一般的な観光コースである。歌子たちは金沢で寅と同じ宿、山錦楼に泊りながら、この時は顔を合わせない。

歌子たちと寅が出会うのは、永平寺近くのローカル線の小さな駅の前にあるひなびた食堂。

歌子たち三人は永平寺を見たあと、この駅まで来て、駅前食堂に入る。先客として寅がいて、一杯やっている(昼酒)。にぎやかに店に入って来た三人に「旅は楽しいかい」と声を掛けたことから親しくなる。

店を出た四人は、店の前で記念撮影をする。この場面で、鉄道の架線と駅のホームらしいコンクリートが見える。

尾小屋鉄道同様、いまは廃線になってしまった京福電鉄永平寺線の京善《きょうぜん》駅で撮影されている。この電車は金津（現在の芦原《あわら》温泉）と永平寺を結んでいたが（開業は一九二五年）、二〇〇二年に全線廃止になった。

京善駅は、現在も健在のえちぜん鉄道勝山永平寺線（福井―勝山）の永平寺口駅（以前は東古市《ひがしふるいち》駅と言った）の南、永平寺の近くにあった。映画で見ると、無人駅だったようだ。廃線になって十年以上たつ。はたして駅の跡が残っているかどうか。

小松から北陸本線で福井に出て、福井で一泊し、次の日、えちぜん鉄道勝山永平寺線に乗る。この鉄道は以前、「柴又慕情」の頃は、京福電気鉄道と言ったが、二〇〇三年に会社が変わり、えちぜん鉄道という名称になった。

福井駅から三十分ほどで永平寺口駅に着く。名前のとおり、永平寺への玄関口。前述したように以前はここから京善を通って永平寺に行く京福電鉄があったのだが、いまはない。バスがあるだけ。

話が前後するが、「柴又慕情」で、寅は歌子たち三人と東尋坊で遊んだあと、田舎の駅で別れる。この駅が永平寺口駅。細かいことを言うと、東尋坊のあとに永平寺口駅に行くのは、旅程としてはおかしいのだが、まあ、そういうことを言うのは野暮というものだろう。

山田監督は、永平寺口駅の木造の駅舎、島式ホームのたたずまいが気に入って、ここで撮影したのだろう。

夕暮れ時、歌子たち三人を乗せた電車が福井に向かって去ってゆく。それを見送った寅がトランクを下げて、踏切脇の大衆食堂に入ってゆく。こういう場面は、ローカル鉄道の小さな駅でないと詩情が出ない。

現在の永平寺口駅は、撮影当時に比べると新しく改築されている。ウォシュレットのトイレがある。えちぜん鉄道のなかでは主要駅で、駅長がいる（とても親切な人だった）。旧駅舎は、町の公民館として使われている。木造の昭和モダンを感じさせる建物だった。

旅に出ると、時間を有効に使いたいので、いつも以上に朝が早い。福井駅から永平寺口駅に着いたのは九時前で、まだバスがない。

駅長に「以前、京善駅があったところに行きたい」と話すと、「それなら、歩くといい」と言う。永平寺線が走っていた線路跡が、最近、遊歩道に整備された。京善までならゆっくり歩いても、一時間ほどだと言う。

天気もいいし、普段から歩くのには慣れている。駅の自動販売機でペットボトルの水を二本買い、歩くことにした。

踏切を渡って、南の永平寺方面に歩く。駅を離れると、すぐに人家が尽きて田舎道になる。刈り入れの終った田、農家の庭先の柿、ススキ。秋の風景を楽しむ。

遊歩道はきれいで歩きやすい。ところどころに電車のレールが残されている。ただ「ここに駅があった」という案内表示がないのが残念なところ。せっかく鉄道跡に遊歩道を作ったのに。

一時間ほど歩くと京善の集落が見えてくる。五十戸ばかりの家はどれも瓦屋根の立派なもの。

土蔵も多い。「京善伝統的民家」と看板が出ている。「柴又慕情」の歌子たちはこの古民家群を見に来たのかもしれない。

ただ、駅がどこにあったのかが分からない。昨日の金平と同じで、あたりに歩いている人がいない。ようやく畑仕事をしているおかみさんを見つけ、仕事中に悪いとは思ったが、「京善駅があったところはどこですか」と聞くと、「すぐそこ」と、指さして場所を教えてくれる。

そのあと「『男はつらいよ』に……」と言いかけると、おかみさんはすぐ笑顔になって「そう、京善で撮影されたの。わたし、赤ん坊背負って見に行ったのよ。その時、撮った吉永小百合の写真、家にあるわよ」。

小さな集落にとって、吉永小百合や渥美清が撮影に来たのは大事件だったろう。

気のいいおかみさんが教えてくれた京善駅があったところに行ってみる。遊歩道に、休憩所の東屋《あずまや》が作られている。さすがにもう駅舎とホームは残っていない。ここでも「京善駅があったところ」という案内表示はない。

「柴又慕情」では前述のように、この駅の前にある食堂で、寅が歌子たち三人に声を掛けるのだが、先ほどのおかみさんによると、あれは京善駅の駅舎を食堂に見立てたのだという。

「朝早く、大工さんたちが来て、ぱっぱっと、駅を食堂にしちゃったの。撮影は一日だったから、終わったらすぐに元に戻してた」

なるほど、こんな小さな集落の駅の前に、食堂があるわけがない。現在でも、商店は一軒もない。尾小屋鉄道の金平駅といい、京福電鉄の京善駅といい、ローカル鉄道の小さな駅をよくぞ見つけて撮影した。京善駅がなくなってしまった現在、この駅も「柴又慕情」のなかに保存されていることになる。

無論、当時は廃線になることを予想して撮影したのではないだろうが、結果としてそれが現在、貴重な映像になっている。「男はつらいよ」が何度見ても面白い理由のひとつはそこに、失われた鉄道風景が残っていることにある。

高見順の生まれた町

京善から永平寺まで一時間ほどかけて歩く。歌子たちとは逆になる。朝から歩き続けたのでさすがに疲れた。門前のそば屋で越前そばを食べる。店内には、亡き作家、立松和平の色紙があった。「流れる水は　先を争わず」と堂々たる字で書かれていた。

永平寺からバスで永平寺口駅に戻る。永平寺のバス停は、京福電鉄の終点の永平寺駅のあったところ。駅舎はないが、線路が走っていたことを思わせる築堤が残っている。「柴又慕情」では、歌子たちは永平寺を参拝したあと、ここから電車に乗り、京善駅まで行き、駅前の食堂で寅に会ったことになる。

途中、三人が鉄道の線路の上を歩く楽しい場面がある。ローカル鉄道だから出来ること。都会だったら怒られる。

食堂で知り合った寅と歌子たちは、そのあと東尋坊に遊ぶ。それに倣って東尋坊を見に行く。永平寺口駅から電車で福井に戻り、そこで今度は、えちぜん鉄道三国芦原線（通称、三芦《さんろ》線）

に乗る。東尋坊はこの終点の三国港駅から近い。

この鉄道は、途中、芦原温泉があるのが知られるくらいで、あとは田園地帯を走る。明治二十一年に創立された京都電燈という電力会社が九頭竜《くずりゅう》川の水を利用する発電所の電気を使って鉄道を走らせたという。乗ったのは各駅停車。途中、無人駅が多い。太郎丸、大関、番田《ばんでん》といった面白い名前の駅がある。終点のひとつ手前の三国は、高見順の生地として知られる。二〇一五年は、没後五十年になる。

この電車には、若く美しい女性がアテンダントとして乗っていた。乗客ひとりひとりに親切に応対する。これは観光客用というより乗客に老人や病院に通う人が多いからではないか。笑顔を絶やさない素敵な女性で、私が東尋坊まで行くと知ると、親切に三国港駅から東尋坊に行くバスの時刻表を渡してくれた。

終点の三国港駅は、その名の通り、九頭竜川の河口の三国港に面している。海の見える小さな終着駅。昔、一度、来たことがあるが、さほど変わっていない。東京のターミナル駅を見慣れた目には、線路はここで終わりという終着駅のたたずまいは懐しい。

バスで、寅と歌子たちが遊んだ越前松島と東尋坊を巡ってみる。平日のためか、思ったより観光客は少ない。

以前は福井県の観光名所というと永平寺だったが、近年は勝山市に出来た恐竜博物館のほうが大人気になっている。

昔、「東尋坊の鬼」(54年)という新東宝の映画があった。田崎潤、左幸子主演、志村敏夫監督のアクション映画。子供の頃に見た。内容はすっかり忘れてしまったが、奇岩の並ぶ海岸の風景は異様で、いまでも東尋坊というと、この映画を思い出す。

「柴又慕情」では寅が歌子たちと奇岩の上で遊ぶ。あとで柴又に寅を訪ねた歌子は「はじめ会った時、昔の俠客のような人かと思った」と言うが、無邪気に遊ぶ寅はとても「俠客」には見えない。京善の食堂では寅は気取って、見栄を張っていたに過ぎない。すぐに地が出てしまうところが寅の気の良さ。

東尋坊から三国港駅に向う途中に荒磯という浜辺がある。そこに高見順の文学碑があると知り、歩くことにする。

十一月に高見順が長く住んだ鎌倉で、この「最後の文士」について講演することになっていて、碑を見ておきたかった。

高見順は昭和四十年（一九六五）八月に癌で死去した（享年五十八）が、荒磯の文学碑は死の直前の六月に故郷の三国町の人たちによって建てられた。死期を前に書いた詩「荒磯」の終わりの二連が石に刻まれている。

「おれは荒磯の生れなのだ　おれが生れた冬の朝　黒い日本海ははげしく荒れてゐたのだ　怒濤に雪が横なぐりに吹きつけてゐたのだ／おれが死ぬときもきつと　どどんどどんととどろく波音が　おれの誕生のときと同じやうに　おれの枕もとを訪れてくれるのだ」

夕暮れ時、ちょうど日本海に日が沈もうとしていた。

7　会津若松から佐渡へ

秋の一日、郡山から会津若松に向かう磐越西《ばんえつさい》線の列車に乗った。今回はレンタカーを運転してくれる編集者のKさんとの二人旅。

十一月のはじめ、磐越西線の沿線は紅葉に彩られている。この鉄道は新緑の頃と紅葉の頃が素晴しい。郡山から十分ほど走ると右手に高村光太郎の『智恵子抄』で知られる安達太良《あだたら》連峰が見えてくる。さらに走ると、「宝の山」磐梯山があらわれる。裾野の広い、穏やかな山の姿が心をなごませてくれる。

この鉄道のなかほどに川桁《かわげた》駅という小さな駅がある。この駅からは以前、磐梯山の麓を走っていた日本硫黄沼尻鉄道という軽便鉄道が出ていた。沼尻鉱山から産出する硫黄鉱石を運んだ。昭和四十四年（一九六九）に廃止になったが、磐越西線の車窓から駅のほうを見ると、駅前に軽便鉄道の碑が建っているのが見える。きちんと記憶されている。

昭和三十年に公開された日活映画、久松静児監督の、会津の小さな町を舞台にした「続　警察日記」には、玩具のようなこの軽便鉄道が出てくる。牛が線路に入ってしまうと、どくまで待っている。のんびりしている。

磐梯山の麓を走る高原列車でもあった。岡本敦郎が歌ってヒットした〽汽車の窓からハンケチ振れば……の「高原列車は行く」（昭和二十九年）はこの鉄道をモデルにしている。

野口英世の生家のある猪苗代《いなわしろ》駅を過ぎるとやがて会津若松駅に着く。郡山からは各駅停車で一時間十分ほど。

昭和三十四年の松竹映画、木下恵介監督「惜春鳥《せきしゅんちょう》」は会津若松の若者たちを主人公にした青春映画で、冒頭、若者の一人、山本豊三が磐越西線に乗って故郷に向かう。磐梯山がカラーワイドの画面にくっきりと映し出される。この日も、磐梯山がよく見えた。

会津若松でレンタカーを借りて、今日は、只見《ただみ》線の沿線を辿る。

高羽哲夫記念館

「男はつらいよ」全四十八作はすべて同じカメラマンによって撮影されている。高羽哲夫《たかはてつお》（一九二六―一九九六）。「男はつらいよ」だけではない。山田洋次監督の初期の作品、ハナ肇主演の「馬鹿まるだし」（64年）をはじめ、「霧の旗」（65年）「家族」（70年）「幸福の黄色いハンカチ」（77年）「息子」（91年）など数多くの山田作品を手がけている。名コンビ。

この高羽哲夫は、会津若松市の北にある湯川村の出身。旧制の会津中学を経て戦後、山形大学で学んだあと、昭和二十三年に松竹に入社している。

市内に、嘉永三年（一八五〇）創業の末廣《すえひろ》酒造という造り酒屋がある。その古い建物の一室に高羽哲夫記念館が設けられ、「男はつらいよ」の撮影アルバムやポスター、遺愛のカメラなどが

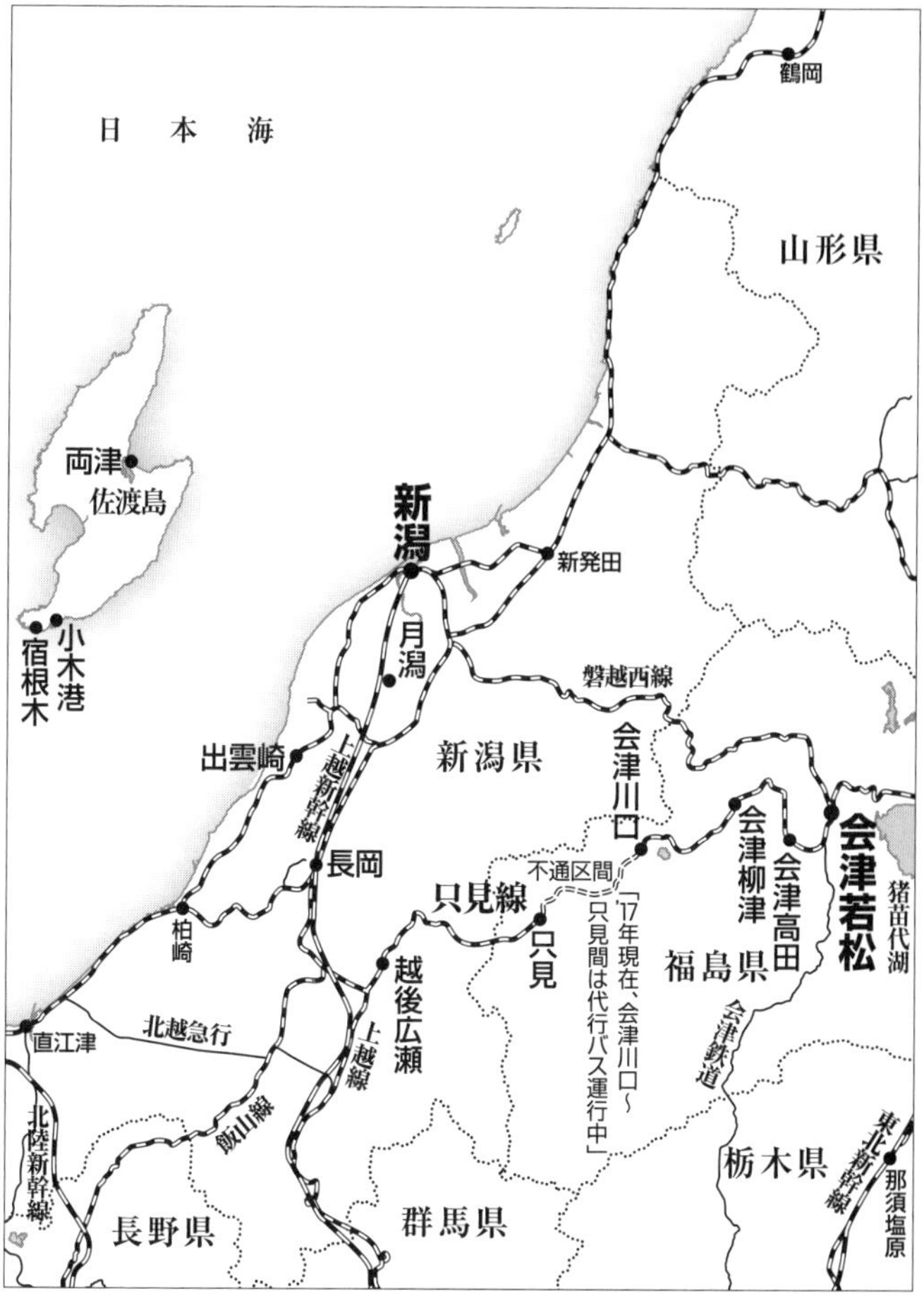
日本海
鶴岡
山形県
両津
佐渡島
新潟
新発田
小木港
宿根木
月潟
磐越西線
出雲崎
上越新幹線
新潟県
会津川口
会津若松
会津柳津
会津高田
猪苗代湖
長岡
不通区間
只見線
「17年現在、会津川口～只見間は代行バス運行中」
只見
柏崎
越後広瀬
福島県
会津鉄道
直江津
北越急行
上越線
北陸新幹線
飯山線
栃木県
東北新幹線
那須塩原
長野県
群馬県

展示されている。末廣の社長と親しかったためという。ちなみに、野村芳太郎監督、鰐淵晴子、十朱幸代主演の青春映画「春の山脈」（62年）は、会津若松を舞台にしているが、佐野周二が末廣酒造の主人を演じている。

「男はつらいよ」の撮影監督が、戊辰戦争に敗れた地の出身とは興味深い。山田洋次監督は戦後、旧満州から引揚げて来て山口県宇部市に住むのだから。福島県と山口県、かつての敵どうしが、意外にも名コンビを組んだ。

ちなみに亡き映画評論家、田山力哉の「小説・渥美清」（「小説現代」一九九六年十二月号）によると、渥美清（本名、田所康雄）の父親、田所友次郎はつねづね「（自分は）会津藩士の末裔」と言っていたという。

只見線は会津若松と新潟県の小出《こいで》（上越線と接続）を結ぶ。全線開通は昭和四十六年（一九七一）とJRの路線のなかでは新しい。

「男はつらいよ」の第三十六作「柴又より愛をこめて」（85年、栗原小巻主演）の冒頭に、只見線の会津高田駅が出てくる。会津若松駅から四つ目の小さな駅。

寅が例によって夢を見る。無理矢理、宇宙ロケットに乗せられ、うなされて目が覚めたのが会津高田駅の待合室。通学の女学生たちが「大丈夫、おじさん」と声を掛ける。

駅舎は当時は、瓦屋根の木造駅舎だったが、現在は青い三角屋根の洋風建物に変わっている。映画のなかでは跨線橋が見えるが、現在はそれが取払われている。つまりホームが一本になっている。それだけ只見線の本数が減っている。

只見線は二〇一一年の豪雨による被害のため、いまだに会津川口―只見間が不通（バス代行輸送）になっている。二〇一七年現在まだ復旧していない。この先、どうなるのだろう。

会津高田駅は無人駅だが、駅前に何軒か商店がある。小さな商店街は、駅の南にある伊佐須美《いさすみ》神社への参道になっている。

駅の近くに、小林食堂がある。昭和元年創業を謳っている。店内には「柴又より愛をこめて」のポスターが置かれている。メニューには寅さんの似顔が描かれ、「寅さんラーメン」が名物になっている。

主人は「撮影中、スタッフの人たちが食べに来てくれた。でも、本当は渥美清は来てくれなかった」と正直。ロケを伝える当時の地元の新聞記事や写真も大事に保存されている。「時々、ファンの人がラーメンを食べにくる」。ここでも「男はつらいよ」人気がうかがえる。

主人によると、隣りの根岸駅近くにある「中田の観音様」と親しまれている弘安寺という寺の付近でも「柴又より愛をこめて」は撮影されているという。

会津高田駅の待合室で目をさました寅は、そのあと只見線の二両の気動車に乗って秋の会津を旅する。タイトルシーンは、会津の小さな町をとらえている。

そのなかに少しだけだが「中田の観音様」が映る。小林食堂で昼食をすませ、寺に行ってみる。本来なら只見線に乗りたいのだが、昼間は二本だから車で行くしかない。

根岸駅は田圃のなかの物置小屋のような無人駅。そこから少し山のほうに入ると「中田の観音様」がある。野口英世の母親が、息子の英世の火傷治癒を祈願するため月参りした寺だという。

寅は、テキヤという商売柄、寺社と縁が深い。境内で商売をするから、どの町にどんな寺があるか頭に入れているのだろう。寺社は放浪する人間を受け入れてくれる避難所でもある。「男はつらいよ」は、寅の故郷、柴又が帝釈天の門前町であるだけではなく、寅の旅先で随所に寺社が登場する。「男はつらいよ」が日本人にどこか懐しさを感じさせるのはそのためかもしれない。

寅は、テキヤであると同時に、寺社を巡る巡礼者でもある。

「中田の観音様」はお参りすると、長患いせずに逝ける「ころり」の観音様だという。そのためか、平日というのに、老人たちの参詣者が多かった。

門前には、みやげ物屋が何軒かある。その一軒に「名物ボータラ」とある。「柴又より愛をこめて」のクレジットシーンには、寅が「名物ボータラ」と札の下がった店の前を通る場面がある。

この店だったかと、訪いを入れると、初老のおかみさんはすぐに話に応じてくれた。「そう、うちの前を渥美清が歩いたの。ボータラはふだんは家のなかに吊してるんだけど、撮影の時は、よく見えるように家の外に出したのよ」。

ボータラ（棒だら）とは、タラを丸々一本、干したもの。かちんかちんになったのをいったん水で柔らかくし、煮物にする。海のない会津では御馳走で、正月などに食べる。おかみさんはそのボータラを出してくれる。少し、甘辛かったが、おいしい。酒の肴に合うだろう。

「柴又より愛をこめて」では、寅がこの店の前を歩くのは、ほんの数秒。それだけのために、わざわざここまで撮影に来たのは、会津出身の高羽哲夫が、ボータラを見せたかったためか。

寅はここからさらに只見線沿いの旅を続け、只見川に沿った温泉町、会津柳津《やないづ》を歩く。

映画には映っていないが、会津柳津の駅舎は木造平屋建てで趣きがある。おそらく昭和三年（一九二八）開業当時のままではないか。只見川を見下す高台の上にある。駅舎の横にはＳＬＣ11が静態保存されている。

会津柳津の町は、温泉町であり、千二百年前に開創されたという古刹、圓藏寺《えんぞう》の門前町でもある。奥会津では大きな町。

「柴又より愛をこめて」でのタイトルシーンでは寅が、この町の商店街を歩く。会津桐下駄を売っている店に入り、宅配便で妹さくらと博夫婦に、揃いの下駄を送ろうとする。住所まで書き込んだところで、さあ、金を払おうと財布を取り出すが、なかを見ると金がない。苦笑いしてあきらめる。

渡世人のつらさである。「男はつらいよ」は、旅から旅への旅烏、渡世人の寅と、柴又で暮す妹さくらと、印刷職人である夫の博の暮しが対比され描かれてゆくところに、作品の妙がある。

家庭劇そして股旅もの

放浪と定着、やくざとかたぎ、遊び人と実直な庶民が対比されている。日本映画のひとつのジャンルである股旅ものと、もうひとつの、とりわけ松竹が得意とした家庭劇の組合せからなっていると言える。

股旅という言葉は、長谷川伸が昭和四年（一九二九）に発表した戯曲『股旅草鞋《わらじ》』に始まるという。以来、長谷川伸は、一定の住まいを持たない流れ者のやくざを主人公にした股旅ものを書いてきた。とくに、何度も芝居や映画になった『瞼の母』と『沓掛時次郎』が知られる。

「男はつらいよ」は、旅に出る寅を描くことで、股旅ものの伝統を踏まえている。寅の母親（ミヤコ蝶々）探しを描く第二作「続　男はつらいよ」（69年、佐藤オリエ主演）は、『瞼の母』を下敷きにしているし、第三作「フーテンの寅」（70年）では、三重県、湯の山温泉のおかみ（新珠三千代）に惚れて宿屋の番頭になった寅が、宴会の余興で股旅の渡世人を演じてみせる。

「男はつらいよ」が誕生する直前、日本映画には、股旅ものの秀作が多かった。

長谷川伸原作、池広一夫監督、市川雷蔵主演の「中山七里」（62年）、村上元三原作、池広一夫監督、市川雷蔵主演の「ひとり狼」（68年）。一九六二年から始まった勝新太郎主演の「座頭市」シリーズも、放浪する無宿者を描いた股旅ものである。

以上は大映作品だが、東映には、長谷川伸原作、山下耕作監督の「関の彌太ッぺ」（63年）と、長谷川伸原作（またしても！）、加藤泰監督の「沓掛時次郎　遊侠一匹」（66年）という二本の傑作がある。いずれも主演は中村錦之助。

当時、この股旅ものが大好きだった。一匹狼の市川雷蔵、中村錦之助、あるいは勝新太郎こそ時代劇の真のヒーローだと思った。

だから「男はつらいよ」が第五作の「望郷篇」（70年、長山藍子主演）あたりから、旅する寅を描くようになって、これは、もうひとつの股旅ものではないかと思うようになった。

実際、まだ大スターではなかった頃の渥美清が強烈な印象を残した作品に「沓掛時次郎　遊侠一匹」がある。時次郎（錦之助）を慕う、弟分の朝吉（渥美清）。弱いくせに格好ばかりつけた

寅がさくらたちに下駄を送りそびれた小川屋

がり、勢い込んで敵対する組に乗り込んで惨殺されてしまう。長谷川伸の原作にはない役だが、そのぶざまさが泣かせた。いま思えば、ここにも寅の原型がある。主観（自分を立派な渡世人と思い込んでいる）と客観（端からは間抜けにしか見えない）の大きな落差は、寅の特色であり、それが笑いを生んでゆく。

　さくらと博に会津桐下駄を送る。妹思いのいい兄貴になるつもりだったが、結局、金がないのであきらめるという情ないことになる。

　この下駄を買い求めようとした小川屋は会津柳津に現在も健在。店内には撮影時の写真が何枚も飾ってある。

　小川屋から少し歩くと只見川にぶつかり、川を見下す高台に圓藏寺がある。大同二年（八〇七）に開かれたという。崖の上の寺は古城のようでもある。奥会津に、こんな堂々たる寺があるとは、知らなかった。「柴又より愛をこめて」

のタイトルシーンでは、只見川の対岸からとらえた圓藏寺が正面にくっきりと建ち、そこに「原作、監督　山田洋次」と出る。会津生まれの高羽哲夫は、誇らしかったのであるまいか。

集団就職の風景

只見線の小さな駅が出てくる作品がもう一本ある。

第七作「奮闘篇」(71年、榊原るみ主演)。冒頭、寅がローカル線の小さな駅で、東京に出てゆく集団就職の少年少女を見送る。この場面が、只見線の越後広瀬駅で撮影されている。駅名で分かるようにそこはもう新潟県。終点の小出駅の二つ手前になる。

会津柳津から向かったのだが、これが思ったより時間がかかった。暗くなる道を走り、ようやく越後広瀬駅に着いた時は、五時を過ぎていた。三時間以上、かかったことになる。

それだけに夕闇のなかに、ぽつんと小屋のような越後広瀬駅が見えてきた時は、ほっとした。

越後広瀬駅はかつては、駅員も多く、国鉄の官舎もあったというが、いまは無人駅。一日に列車は四本しか発着しない。

駅の周囲にも店らしい店がない。ようやく一軒だけ明かりがついている「かしわや」という衣料品店を見つけ、なかに入って主人に声を掛ける。

ここでも「男はつらいよ」のひとことが合言葉のようになって、主人はすぐに笑顔になって撮影当時の思い出を語ってくれる。

映画のなかでは、越後広瀬駅の待合室で、出発する子供たちを親が見送りに来ている。そこに寅がゆきあわせる。

「かしわや」の主人によれば、親も子供たちも「地元の人間」だという。ただ、実際の集団就職の場面ではなく、エキストラとして選ばれた人間が、その場面を演じたという。

「このあたりは、当時、中学を卒業すると東京の町工場や、愛知県の紡績工場に働きに出る子供が多かったからね、ああいう光景はよくあったんだ」

「いま、五年に一回くらい、中学校の同窓会をするけど、『男はつらいよ』のこと憶えている者は多いよ」

集団就職は、昭和三十年頃から、東京の世田谷区の桜新町商店街が人手不足解消のために始めたとされている。しかし、集団就職という言葉はなかったものの、地方の子供たちが集団で東京に働きに出るのが、戦前から行なわれていたことは、宮本百合子の短篇『三月の第四日曜』に描かれている。日中戦争下の昭和十三年頃、青森県の小学校を卒業した男の子が仲間たちと列車に乗って東京に働きに出る。「産業戦士」と呼ばれていた。

「奮闘篇」では、榊原るみ演じる青森県の小さな町出身の女の子が、静岡県あたりにある紡績工場に働きに出たという設定になっている。とらやの隣家、タコ社長（太宰久雄）の経営する印刷工場で働く若い労働者たちの多くも集団就職で東京にやって来たのではないだろうか。

「かしわや」の主人は実に気のいい人で、突然、飛び込んだわれわれに親切に話をしてくれただけではなく、別れ際に、自分で作ったという梅酒ならぬ杏仁《あんにん》酒をみやげに持たせてくれた。これも「男はつらいよ」の縁だろう。さらに、只見線のことをもっと知りたいなら、近くに「只見線おたく」がいると、その人の家の地図を描いてくれる。

夜道を車で走り、探し当てたその家の初老の男性は、本当に只見線のことに詳しかった。氏によれば、只見線を最後に蒸気機関車が走ったのは、一九七一年四月で、「奮闘篇」の冒頭に出てくる蒸気機関車は、最後の頃のものだという。「奮闘篇」は消えてゆく蒸気機関車の最後をとらえたことになる。

「男はつらいよ」を何度見ても倦きないのは、随所にこういう物語があるからだろう。

「無法松」を踏まえて

第二作「続　男はつらいよ」が長谷川伸の『瞼の母』をもとにしているように、第十三作「寅次郎恋やつれ」(74年、吉永小百合主演)の父と娘は小津安二郎監督「晩春」(49年)を思わせるし、第三十九作「寅次郎物語」(87年、秋吉久美子主演)はチャップリンの「キッド」(21年)だと言ってもいい。そもそも、寅がいつも高嶺の花の女性に惚れてしまうのは「無法松」を踏まえている。

第三十一作「旅と女と寅次郎」(83年)は「ローマの休日」(53年)に倣っている。オードリー・ヘプバーンに当るのが、あまりにも忙しくて失踪してしまう人気歌手を演じる都はるみ。

海の向うに佐渡が見える新潟県の海辺の町、出雲崎《いずもざき》で寅は、新潟での公演から逃げ出した人気歌手に出会う。二人は、意気が合って、漁師(山谷初男)の船で出雲崎から佐渡へと向かう。

越後広瀬駅から夜遅く新潟市に入り、一泊して、次の日、二人のあとを追うように佐渡に渡った。新潟からジェットフォイルに乗るとわずか一時間ほど。従って新潟から日帰りが出来る。

両津港に着き、レンタカーを借り、島の南西部の宿根木《しゅくねぎ》と小木《おぎ》港に向かう。

宿根木は江戸時代に廻船業者や船大工で栄えた町で、狭い路地を挟むように総二階の木造家屋が建ち並ぶ。将棋の駒が並んでいるよう。近年、吉永小百合の観光ポスター（路地の岐れ道に建てられているので三角形になった特色ある家のところに吉永小百合が立つ）で広く知られるようになった。

「旅と女と寅次郎」では、佐渡に来た寅と、都はるみ演じる人気歌手が、この宿根木の民宿に泊る（おかみさんは、北林谷栄）。

寅が、気ままな風来坊だからだろうか、「男はつらいよ」には、お決まりの日常生活が息苦しくなった人間たちが、蒸発、失踪して寅と共に旅の空に、いっとき、行方をくらましてしまう話がよくある。日本人の世捨人願望があらわれている。本来、定住者である者が寅のような放浪の人間に憧れる。

第十五作「寅次郎相合い傘」（75年、浅丘ルリ子主演）では東京のサラリーマン（船越英二）が、家を出て寅と北海道を旅する。第三十六作「柴又より愛をこめて」ではタコ社長の娘のあけみ（美保純）が、家出をしてしまい、迎えに来た寅と伊豆の式根島に行く。第四十一作「寅次郎心の旅路」（89年、竹下景子主演）では、心を病んだサラリーマン（柄本明）がなんと寅とウィーンに出かける。これに、一流会社のサラリーマン（米倉斉加年）が美しい妻（大原麗子）を置いて家出してしまう第三十四作「寅次郎真実一路」（84年）を加えてもいいだろう。

「旅と女と寅次郎」もこのパターン。寅と人気歌手は、宿根木周辺で「佐渡の休日」を楽しむ。

しかし、結局、楽しいことには終わりがくる。人気歌手はしょせんは、寅と違って定住者。渡世人の寅と別れて、仕事へと戻ってゆく。

別れの場面は、フェリーのターミナルのある小木港で撮影されている。二人が入ったみやげ物屋兼食堂の山本屋みやげ店は健在。

二階が食堂になっている。ここでも「男はつらいよ」と口にしただけで、おかみさんは笑顔になり、山田洋次と都はるみのサインが入った色紙を見せてくれる。「渥美清のはないんですか」と聞くと、「都はるみは、撮影の待ち時間のあいだ、いまお客さんの座っている窓のところで、歌を歌ったりして、気さくなんだけど、渥美清は、なんていうのか、近寄り難い雰囲気なの。一人でいるんだけど、とても『サインして』と頼めない」。

怖いというのではない。一人の世界に入りこんでいるので、そばに近寄るのが申訳なくなるのだという。

ロケの時、渥美清を見た人の多くが同じようなことを言う。そう言えば、「週刊朝日」の記者をしていた頃、第四作「新　男はつらいよ」(70年、小林俊一監督、栗原小巻主演) 撮影中の渥美清に大船撮影所でインタヴューしたことがあるが、威圧されて、ほとんど話が出来なかった。山本屋のおかみさんの気持がよく分かる。

寅と良寛

佐渡は大きな島なのに、鉄道が走ったことがない。これは不思議なことだ。一度、佐渡の真中を

月潟の駅舎とかぼちゃ電車がみごとに保存されていた

横断する鉄道が計画されたが、実現しなかった（ただ佐渡金山には鉱山鉄道があったという）。

従って、「旅と女と寅次郎」にも鉄道のシーンは、最後、物語が終ったあと、寅が北海道で乗る、いまはもう廃線となった胆振《いぶり》線が出てくるだけ。

しかし、ビデオでよく見ると、「旅と女と寅次郎」に一ケ所だけ新潟県の鉄道が出てくる。

新潟市の萬代《ばんだい》橋近くの公園で商売を終えた寅が、夜、大衆食堂で食事をする。終えて外に出る。そこに路面電車が通りかかる。緑と黄色の、かぼちゃ電車と言われた新潟交通。新潟市内の県庁前と洋食器の町として知られる燕を結んでいた私鉄。市内は路面を走った。平成十一年（一九九九）に廃線となっている。

佐渡から新潟市内に戻り、ホテルの部屋で調べると、月潟《つきがた》（現在、新潟市南区月潟）の以前、新潟交通月潟駅のあったところに、かぼちゃ電車が保存されている。ぜひ見に行きたい。

翌朝、それを見に行く。

市内から車で一時間ほど。月潟とその隣りの白根《しろね》はいい町だった。白根は大凧合戦で知られる。川を挟んで両岸から大凧を揚げ、空中でからませて川に落す大凧合戦の様子は、「旅と女と寅次郎」にも出てくる。このあたり「男はつらいよ」は観光映画の要素もある。佐渡の場面では、たらい舟も登場している。

月潟の町は、角兵衛獅子の発祥の地ということも知った。美空ひばりの「越後獅子の唄」の歌碑があった。そして、旧月潟駅の素晴しかったこと。中ノ口川という川に沿って駅があり、地元の鉄道ファンによって駅舎と、かぼちゃ電車がきれいに保存されている。線路の跡は遊歩道になっている。

鉄道はなくなっても、これだけ鉄道遺産が大事にされているとは。

気分がよくなって、最後の目的地、出雲崎に向かう。前述したように「旅と女と寅次郎」では寅と、都はるみ演じる人気歌手がここから佐渡へと向かう。

日本海に面した北国街道に沿って発展した宿場町。「妻入り」と呼ばれる、間口が狭く奥行きが長い木造家屋が並ぶ。海からの風が強いので、それに抗するためだろう。各家が肩を寄せ合っている。

江戸時代は天領。佐渡から運ばれた金がここに着いた。良寛の故郷としても知られる。

映画のなかでは寅が、日本海に面した良寛堂（生家跡に建てられた）のところで商売をする。そばでは、小さな女の子がこのあたりで作られる紙風船で遊んでいる。のどかな場面で、寅が一瞬、良寛のように見える。

良寛は晩年、恋をした。貞心尼《ていしんに》という尼僧が好きになったという。

何年か前、「東京新聞」の読者の投稿にこんな句があって印象に残っている。

「良寛に古稀の恋あり酔芙蓉」

古稀になっても恋を忘れない。いいことだ。

8　木曽路の宿場町

寅の故郷、葛飾区の柴又は江戸川の畔《ほとり》にある。川のある町に育ったためか、寅は川が好きだと言う。シリーズ第四十四作「寅次郎の告白」（91年、吉田日出子主演）の冒頭で、渓流を見ながら、こう言っている。

「岸辺の草花を洗いながら、たゆまず流れ続ける川を眺めますと、なにやら私の心まで洗い流される気がしてまいります」

ここで寅が見ている川は、木曽川。川に沿うように鉄道が走っていて、小さな駅が見える。中央本線（中央西線）の落合川駅。寅とテキヤ仲間のポンシュウ（関敬六）は、おそらくこの駅に近い、馬籠《まごめ》あたりで商売をしてきたのだろう。これから駅前でバスに乗って、中津川方面に出ようとしている。「男はつらいよ」シリーズの出だし（アヴァン・タイトル）には本当によく田舎の小さな駅が出てくる。

今回の信州と甲州の旅は、この落合川駅から始めることにした。編集者のKさんが、いつものようにレンタカーを運転してくれる。

中津川で車を借り、十五分ほど走ると一気に町から山間《やまあい》の風景に変わる。落合川駅は中津川駅の隣り。岐阜県の東端、長野県との県境にある。大正六年（一九一七）の開設。現在は無人駅になっている。映画のなかでは、駅前に商店が一軒あったが、現在はもう家の姿はない。駅の前は木曽川（小さなダムになっている）。

島崎藤村の故郷、馬籠宿の最寄駅になる。藤村が、成長期の子供たちとの暮しを描いた私小説『嵐』（大正十五年）に、この駅が出てくる。

馬籠で家を継いで農業を営む長男の太郎に会いに東京から一家が中央本線に乗って出かけてゆく。上諏訪で一泊し、翌日、南へと下る。

「中央線の落合川駅まで出迎えた太郎は、村の人達と一緒に、この私達を待っていた」

馬籠への入り口の駅だったと分かる。

ちなみに馬籠はもとは長野県だったが、平成十七年、住人の意思によって岐阜県中津川市になった。藤村の故郷が岐阜県とは違和感があるが、住人は、中津川市との関係が深いというから仕方がない。

藤村の『夜明け前』は「木曽路はすべて山の中である」という有名な文章から始まる。実際、山が深く、中央本線と自動車道路は山間を縫って走る。

シリーズ第二十二作「噂の寅次郎」（78年、大原麗子主演）で、寅は旅先で偶然、博の父の老学者（志村喬）に出会い、木曽路を一緒に旅することになる。

博の父の名前は諏訪飈一郎《ひょういちろう》。第一作「男はつらいよ」（69年、光本幸子主演）では、博とさくらの結婚式の時、司会者（関敬六）がこの字を読めず「ン一郎」とごまかす。有名なギャグ。確かに、普通、誰も読めない。

飈一郎は大学教授。第八作「寅次郎恋歌」（71年、池内淳子主演）では、おいちゃん（森川信）が「大学では何を」と聞くと「古代インド哲学」と答えている。

それから七年後。飈一郎は大学を停年退職したらしく、寺めぐりを楽しみにしている。寅を連れて木曽路の古刹に行き、古文書を見せてもらう（寅は前の晩、飲み過ぎてタクシーのなかで眠っている）。

この撮影がされた寺は、中山道に沿った定勝寺（大桑村須原《すはら》）という臨済宗の禅寺。宿場町の面影を残す道を走ると、右手の山裾に木々に隠れるように大きな寺が見えてくる。車から降り、苔むした石段を上ると、本堂、庫裡《くり》、山門が現われる。こんな山里によくこんな立派な寺がと驚く。人の数が少なく、まるで遺跡のよう。

映画のなかでは、志村喬演じる飈一郎が住職から古文書を見せてもらう。その部屋を見学したが、幕末の三舟、勝海舟、山岡鉄舟、高橋泥舟の書があったのにまた驚いた。木曽義仲を祖とする木曽家の菩提寺なのだという。

こういう寺をさりげなくロケ地に選ぶ。「男はつらいよ」は贅沢に作られている。

落合川駅からずっと中央本線に沿って走ってきた。このあたりでまた駅を見たい。定勝寺を見たあと近くの須原駅に寄ってみる。

御多分に洩れず、ここも駅員が常駐していない。回廊付きの木造駅舎は趣きがあるのに、人の姿が見えないのは寂しい。

駅前にぽつんと石碑が建てられている。見ると幸田露伴の碑。露伴は明治二十一年（一八八八）に木曽路を旅した。その体験から、青年仏師が木曽を旅し、須原の宿で名物の「桜の花漬」を売る美少女に会う恋愛小説『風流仏《ふうりゅうぶつ》』（明治二十二年）を書いた。

その縁で小さな町に露伴の文学碑が作られている。思いがけないことで少しく感動した。

蒸気機関車の登場

「男はつらいよ」は、途中から寅の旅の要素が強くなり、一種、ロードムービーの面白さが出てくる。寅は鉄道の旅が好きだから、映画のなかに鉄道や駅、そして初期には、当時まだ日本各地を走っていた蒸気機関車がよく出てくる。

最初に蒸気機関車が登場したのは一九六九年に公開された第二作「続　男はつらいよ」（佐藤オリエ主演）。冒頭、寅が泊る商人宿の傍を蒸気機関車D51形がうしろ向きに入れ替え作業をしている様子がとらえられている。

三重県にある関西本線の柘植《つげ》駅（草津線との接続駅）で撮影されている。

さらに第三作、森﨑東監督「フーテンの寅」（70年、新珠三千代主演）では、開巻、蒸気機関車がいきなり煙を吐きながら画面を左から右へと疾走する。そのあと、タイトルシーンに次々に、走る蒸気機関車の姿がとらえられてゆく。そして走るD51にかぶさるように「フーテンの寅」とタイトルが出る。鉄道好きにはたまらなくうれしい。

この蒸気機関車が走っているのが中央本線（西線）で、落合川駅付近もとらえられている。今回の旅先に木曽路を選んだのは「フーテンの寅」のロケ地を見たかったから。

アヴァン・タイトルでは、寅が風邪を引いて商人宿に泊っている（仲居は樹木希林。当時は悠木千帆）。熱があるのか、情けない顔をして寝込んでいる。ハクションとくしゃみをすると、破れ障子が頭に落ちてきて、思わず「落ち目だなあ」。何度見ても泣けてくるギャグ。旅暮しの渡世人のわびしさが出ている。

この旅館があるのが、奈良井宿《ならい》。中山道最大の宿場町だった。現在、約一キロに渡って古い町並みが保存されている。日本最長の宿場を謳っている。

撮影に使われた木造二階建ての「ゑちご屋旅館」も健在。江戸時代の寛政年間の創業という。映画のなかでは、この旅館のうしろを蒸気機関車が走る。

その煙が部屋のなかに入ってくるので、寅が破れ障子を閉めようとして、指を挟んでしまう、これまた泣けるギャグ。

奈良井駅の開設は明治四十二年（一九〇九）。須原駅と同じように回廊付きの木造の駅舎。駅は宿場町から少し離れた北のはずれに作られている。

奈良井駅と、中津川駅寄りの隣りの藪原《やぶはら》駅とのあいだに鳥居トンネルがある。鳥居峠を貫く。この峠は、北（日本海）に流れる奈良井川と、南（太平洋）に流れる木曽川の分水嶺になっている。

ここは、蒸気機関車時代、鉄道の難所で、線路もトンネルのなかで上りと下りに分かれる。中津川に向かう機関車は、上り勾配をあえぎながら走り、鳥居トンネルに入る。上りが続くが途中で下り勾配になり、速度が出る。鉄道もトンネルのなかでいわば分水嶺になっていた。「フーテンの寅」で寅が泊っている旅館のうしろを白煙を上げて走る機関車は、これから上り勾配にさしかかろうとしている。だから煙の勢いがいい。

奈良井駅がしっかりととらえられている一篇がある。一九七二年に公開された第十作「寅次郎夢枕」(八千草薫主演)。

寅が弟分の登(津坂匡章)と偶然、奈良井宿の旅館で出会う。ひと晩、飲んだ次の朝、寅が置手紙(「かたぎになれ」と諭す)をして去る。取り残された登が、うらめしそうに旅館の二階の窓から、寅が旅立った奈良井駅を見下ろす。

奈良井駅の駅舎は当時のまま。もう乗降客が少なくなって改築の余裕がないのかもしれないが、鉄道好きには昔ながらの木造駅舎が残っているのは有難い。

駅の前には、木造三階建ての手打ちそば屋がある。ここが撮影当時、寅と登が泊った旅館だったところだろう。

「寅次郎夢枕」にはもうひとつ中央本線の駅が出てくる。アヴァン・タイトルで、例によって寅がヒーローになった夢を見る。目が覚めると寂しい田舎の駅の待合室にいる。ある時期からおなじみになったパターンだが、「寅次郎夢枕」で目が覚めたところは、奈良井駅と塩尻駅の中間にある日出塩《ひでしお》駅。もともと信号場だったところが駅に昇格した。小さな無人駅。寅は宿代がなかったのか、近くに宿がなかったのか、駅で一泊したのかもしれない。駅舎を出て伸びをし、柿の木から柿を取ってかじると渋柿だったというギャグはいまひとつだが、日出塩駅のカーヴのところを貨物列車を牽引するD51重連が疾走する姿は迫力充分。これから上り勾配に向かうためだろう、白煙が勢いよく出て、黒い列車が白い霧のなかを走っているよう。日出塩駅はとりたてて特色のない駅だが、「寅次郎夢枕」によって記憶されている。

中央線の旅を終え、その夜は、上田に出て一泊する。女性編集者のHさんがここで合流し、三人で上田駅近くの鯉料理の店に行く。

小諸、上田、佐久あたりは鯉が名物。千曲川の水がいいためだろう。近年、東京では見なくなった鯉の洗いや鯉こくを堪能する。

翌朝、上田から第十八作「寅次郎純情詩集」(76年、京マチ子主演)の舞台になった別所温泉に行く。HさんとKさんは車で。私は上田駅から出ている上田電鉄別所線に乗る。上田と別所温泉を結ぶ約十二キロのローカル私鉄。東京で言えば京王線や小田急線のような郊外電車。

上田駅はJRの駅と接続している。駅のあちこちにのれんがかけられているのが面白い。「飲むなら帰りは別所線!」というキャッチフレーズも愉快。マスコットのキャラクターもいる。ローカル鉄道の経営が厳しいなか、存続への努力を感じさせる。

電車もきれい。上田電鉄の車両は「丸窓電車」という愛称で知られた。ドアの戸袋のところの窓が丸い形をしていたため。「寅次郎純情詩集」では、寅がこの丸窓電車に乗る。一九八六年になくなったが、現在、走っている電車に新たに丸窓が取り付けられている。上田電鉄のトレードマークなのだろう。上田駅にも丸窓があった。

上田駅から三十分ほどで別所温泉駅に着く。線路はここまでの文字通りの終着駅。大正十年（一九二一）開業時のままの、ファサードの付いたモダンな洋館のような駅舎は日本の名駅舎のひとつとして知られている。

「寅次郎純情詩集」では寅はこの駅に降りたち、歩いて十分ほどのところの温泉街に向かう。そして、温泉街の中心、北向《きたむき》観音のあたりで、旅芸人の一座に行きあう。

第八作「寅次郎恋歌」のアヴァン・タイトルで登場した坂東鶴八郎一座（座長は吉田義夫）。宣伝のビラを配っている若い女優、大空小百合（岡本茉莉）に「せんせい」と声を掛けられ「ああ、いつか甲州で会った」と寅は応じる。

細かい、野暮なことを書くと「寅次郎恋歌」で寅が一座に会うのは、港町で、明らかに甲州ではない。ロケは三浦半島の三崎だろう。

寅は旅から旅への渡世人。同じ旅する人間として旅まわりの役者たちには親近感を持っている。どちらもかつては世外の人、アウトサイダーだった。かたぎの人間とは違う世界に住んでいた。

田中絹代が若い踊り子を演じた川端康成原作、五所平之助監督のサイレント映画「伊豆の踊子」（33年）には、踊り子たちがある村に入ろうとすると入り口に「乞食と芸人この村に入るべからず」と書かれた立札がある。昔は、旅芸人はかたぎの人間に蔑まれていたことが分かる。現代でも差別意識は残っているだろう。寅は自分自身が旅する人間だから、むしろ旅芸人に親しみを持っている。

小沢昭一は『私は河原乞食・考』（三一書房、一九六九年）のなかで、テキヤの口上はみごとな芸になっているとして「愛敬芸術」と呼んでいる。

毎回、立て板に水の口上で客をひきつける寅は、いわば旅する芸人。旅回りの役者たちと同じ世界の住人である。

だから「寅次郎恋歌」では雨にたたられ、客が一人も入らないと嘆いている座長たちを励ました。その時のことを憶えていて、大空小百合は「寅せんせい！」と慕う。

演じる岡本茉莉は、現代には珍しいリンゴの頰っぺの素朴な女の子で、その後、「幸福の黄色いハンカチ」（77年）「同胞《はらから》」（75年）「小さいおうち」（2014年）など山田作品に出演。同時にまさに大空小百合のように沢竜二劇団と共に全国で公演しているという。

坂東鶴八郎一座は別所温泉の芝居小屋（実際にはない）で徳冨蘆花原作『不如帰《ほととぎす》』を演じる。岡本茉莉が浪子を演じるのは当然として、老人の吉田義夫が学生服を着て武男を演じるのには驚く。温泉街に張られたポスターを見ると長谷川伸の名もある。『瞼の母』が演じられたか。このあたりも「男はつらいよ」が長谷川伸の股旅ものを意識していることがうかがえる。

旅役者たちから「せんせい」「せんせい」と言われてすっかりいい気持になった寅は旦那気取りで彼らを宿に招待し、酒食を振舞う。無論、金はない。見栄っ張りの江戸っ子の困ったところ。翌朝、無銭飲食で警察の厄介になってしまう。無銭飲食で捕まるのは「続　男はつらいよ」に続いて二度目。悪気はないのだが、間が抜けている。

連絡を受けたさくら（倍賞千恵子）が東京から別所温泉に駆けつける。この時、さくらも丸窓電車に乗っている。

結局、さくら（と、おそらくおいちゃん夫妻）が寅のかわりに飲食代を払う。見栄を張った代償は大きかった。長谷川伸の股旅ものの男たちとはそこが違う。寅はあくまでも三枚目。

寅は結局、さくらやおいちゃん夫婦に甘えている。

第三作「フーテンの寅」では、赤の他人の女性（春川ますみ）と、その夫（晴乃ピーチク）の祝宴をとらやで開く。金がないのに、ここでも見栄を張って大宴会にする。結局、そのつけはおいちゃん夫婦が払うことになる。まったく困った奴だが、子供のようで憎めない。まともな金銭感覚もないのだろう。

老人問題と過疎化

別所温泉から上田に戻る。

車で上田電鉄に沿って走る。途中に、舞田《まいた》駅という小さな駅がある。無人駅。ホームに小屋のような駅舎があるだけ。

「寅次郎純情詩集」のアヴァン・タイトルで寅が夢から覚める駅は、この舞田駅。ここも日出塩駅と同じで「男はつらいよ」に登場したことで鉄道好きに知られるようになった（どちらも映画のなかではっきりと駅名が映る）。

一九八八年に公開された第四十作「寅次郎サラダ記念日」（三田佳子主演）は、小諸と上田周辺でロケされている。

寅が、小諸の病院で働く女医さんを好きになる。三田佳子演じるこの女医は地域の老人医療に取り組んでいる。「男はつらいよ」は喜劇だし、一種のユートピア物語だから（悪人がほとんど出て来ない）、社会問題は大仰に扱わないが、「寅次郎サラダ記念日」では珍しく老人問題、地方の過疎化が取り上げられている。

寅は小諸駅前のバス停で、バスを待っているお婆さん（鈴木光枝）に会う。一人での寂しい暮しと知って、お婆さんの家に一泊することになる。

寅は誰とでも親しくなる気のいい男だから年寄りに好かれる。「噂の寅次郎」では志村喬演じる老学者と木曽路を旅するし、「寅次郎夢枕」では甲州の旧家の老婦人（田中絹代）と親しく話をする。第三十五作「寅次郎恋愛塾」（85年、樋口可南子主演）では、五島列島のひとつ、中通《なかどお》島《じま》で、転んで難儀しているお婆さん（初井言榮）を助ける。

「寅次郎サラダ記念日」の鈴木光枝演じるお婆さんは山里の古びた農家に住んでいる。集落では人が減っている。お婆さんは女医さんから町の病院に来るようにと言われるが「おれはここで死にたい」と家を離れようとしない。

お婆さんの家は、上田駅から北東へ車で三十分ほどのところの真田町《さなだ》傍陽《そえひ》にあるという。その家を探しにKさんに車を走らせてもらう。ちなみにKさんは早稲田大学の学生時代、「寅次郎サラダ記念日」にエキストラとして出演したという。小諸の女医さんの姪（三田寛子）が早稲田の学生という設定。寅が彼女を訪ねるキャンパスのシーンでKさんは学生の一人として出演した。エキストラとはいえ「男はつらいよ」に出演したことがあるとは羨しい。一日だけだがバイト料はよかったという。

車は上田の市街地を離れると次第に山里に入ってゆく。このあたり、以前、上田交通真田傍陽《さなだそえひ》線というローカル私鉄が走っていた。昭和四十七年（一九七二）に廃線になった。

傍陽に着いて、集落の人に「『男はつらいよ』のロケ地になった家はどこか」と聞いて歩いた。三軒目でやっと「この先、山に入ったところ」と分かった。

山道に入ってゆくと人家が数軒見えてくる。ほとんどが廃家になっているようだ。いわゆる限界集落だろうか。

一軒だけ、車が停っている家がある。白壁に囲まれている大きな家。訪いを入れると、まさにそこが、鈴木光枝の住む家として撮影された家だった。

内海菊江さんという九十歳を過ぎた女性が一人で暮しているというから驚く。「男はつらいよ」の鈴木光枝と同じ。

たまたまこの日は、長野市に住んでいるという二人の娘さんが母親の様子を見に来ていた。にぎやかな憩いの場にお邪魔したにもかかわらず「『男はつらいよ』のロケ地を旅している」と話すと皆さん、実に親切に応対して下さる。

そして、なんと撮影時のアルバム、色紙を見せて下さった。色紙は渥美清と鈴木光枝のものだった。こんな山里に、「男はつらいよ」が大事に記憶されているとは。これには感激した。内海家の幸せを願わずにはいられない。

田中絹代の住む家で

寅は放浪を続ける旅人、「やくざな旅烏」である。自分の将来を考えると、不安になることもあるだろう。行き倒れになることもあるかもしれない。

第十作「寅次郎夢枕」には、渡世人の暮しの厳しさを伝える、心に残る挿話がある。晩秋。寅は甲斐路を旅する。遠くの山々は雪をかぶりはじめている。冬が近い。テキヤ稼業にはつらい季節になる。

寅は、ある旧家で弁当をつかわせてもらう。大女優、田中絹代演じる老婦人が話し相手になってくれる。そこで寅に、同じテキヤの伊賀の為三郎という気のいい男の話をする。

昔から時々、家に寄ってくれては、いろいろと旅の話を聞かせてくれた、自分たち女はその話がとても面白くて、為三郎さんが来ると「もう、うれしゅうてうれしゅうて」。

テキヤ、渡世人という存在が、農村に住む定住者、とりわけ旅などあまりしたことのない女性にとっては、旅芸人と同じように、福をもたらしてくれる「まれびと」になっていたことが分かる。ここには、かたぎと渡世人、定住者と放浪者のいい関係が生まれている。

そのあとに悲しい話が続く。旧家の老婦人によれば、この夏、為三郎はまたひょっこり訪ねてきたが、食事中、急に具合が悪くなり、その家で寝込んでしまい、三日後に眠るように亡くなったという。

話を聞いて、寅はしんみりする。そして老婦人に案内され、為三郎の墓に線香を上げにゆく。そのあと、一人、夕暮れの道を去ってゆく。

「男はつらいよ」シリーズのなかでも、もっとも心に残る場面。渡世人などと意気がっていても、いつどこで死ぬか分からない。誰にも看取ってもらえず、行き倒れになるかもしれない。寅の身を気づかう旧家の老婦人に見送られ、田舎道を去ってゆく寅の姿に胸が詰まる。

『私は河原乞食・考』のなかで小沢昭一が話を聞いた二人のテキヤは、どちらもこの商売は「淋しい」と言う。一人旅が多いし、町の人には受け入れられない。「淋しいもんなんだから、この稼業は」「本当、俺は淋しいよ。淋しいから酒飲んでんだよ」。

寅もまた口には出さないが、夕暮れの田舎道を歩いている時には「淋しさ」を抱えこんでいることだろう。

一連のこの場面は、山梨県の明野町《あけのちょう》（北杜市《ほくとし》）で撮影されている。日照時間が長いところで、広大なヒマワリ畑が知られる。

墓参りをした墓地と、寅が一人、去ってゆく道祖神のある道は、場所を確認出来たが、肝腎の田中絹代の住んでいた旧家が分からない。集落の人たちに聞いてみても答はまちまち。夕暮れが迫ってくる。これは駄目かとあきらめかけたが、これが最後と、明野町のことに詳しいという入《に》っ戸野仁師《とのひとし》さんの家を訪ねた。

夕食時に迷惑だった筈だが、この人が信じられないくらいいい人で、自分も「男はつらいよ」は好きで「寅次郎夢枕」は何度も見ていると、心当りに電話して、家探しを手助けしてくれる。それればかりか、夜の田舎道は分かりにくいからと、自分の車でわれわれを案内してくれる。

見当をつけていた家は、家の人に話を聞くと、田中絹代の家ではないという。映画が作られてから四十年以上たつ。集落の人の記憶が薄れても仕方がない。

あきらめかけていたら入戸野さんは、「あそこかも知れない」と、明野町上手《うえで》の永井という集落に向かって車を走らせる。街灯もない夜の田舎道をゆく。入戸野さんの友人の家に行くと、その人が「あの家かも知れない」と懐中電灯を照らしながらすぐ隣りの家に案内してくれる。

映画に出てきた旧家のと同じ、長屋門があった！　ただ、板壁となまこ壁など微妙な違いもある。母屋は火事で焼けてしまったという。

果してこの家がそうなのか。結論は出なかったが、ここまで探して、ようやく、長屋門を見つけ出したのだから、ここを有力候補と考えようということになった。

夜道をいとわず、案内してくれた入戸野さんに感謝したい。これも「男はつらいよ」の縁だろうか。

田中絹代は「寅次郎夢枕」のあと、一九七四年に熊井啓監督の「サンダカン八番娼館　望郷」で老いた元からゆきさんを演じ数々の演技賞を受賞。テレビでは「前略おふくろ様」に、萩原健一の母親役で出演。老女優として新たに脚光を浴びたが、一九七七年、六十七歳で死去した。

9　瞼の母と出会った京都

「男はつらいよ」に京都は何度か登場するが、いちばん印象に残るのは、第二作「続　男はつらいよ」（69年、佐藤オリエ主演）だろう。京都で寅は瞼の母に会うのだから。

寅が、赤ん坊の時に捨てられた生みの母親を探す母恋いの物語。この作品で、寅の母親はどういう女性だったかが明らかになる。

寅の父親は、柴又帝釈天の門前町にある代々続く団子屋の主人。しかし、遊び人で、葛飾の芸者といい仲になった。そこで生まれたのが寅。第一作で寅が言った。「俺は悔しかったなあ。酔っ払って作ったんだもん。俺のこと。真面目にやってもらいたかったなあ」。きちんと両親のあいだから生まれた妹さくらとは異母兄妹になる。

寅の母親になる芸者は、赤ん坊を産んだあと、子供を置いて東京を出てしまった。父親は、さくらが生まれたあとに亡くなり（母親もまた）、寅とさくらは、団子屋を受継いだ父親の弟、つまりおいちゃん（森川信）とおばちゃん（三崎千恵子）に育てられることになった。

では、寅の実母はどこで、どうしているのか。当然、寅は生みの母に会いたい。「続　男はつらいよ」は、瞼の母を探す物語になる。

冒頭の夢で、寅は「おっかさん」に会う。夢のなかでは、美しく気品のある女性になっている。演じているのは、戦前、長塚節原作、内田吐夢監督の「土」（39年）で、貧しい農村の可憐な少女を演じて話題になった風見章子。

夢のなかの「おっかさん」は理想の女性だが、本当の母親はどうなのか。寅は、京都で母親を探すことになる。

その前にまず、のちにおなじみのパターンになる、寅の柴又でのひと悶着がある。せっかく故郷の柴又に帰ってきたものの、破目をはずして、無銭飲食でひと晩、警察の御厄介になる。

失態を演じた寅は、世話になった葛飾商業の恩師、坪内散歩先生（東野英治郎）とお嬢さん（佐藤オリエ）に深く詫びて旅に出る。

帰ってきた柴又で騒ぎを起しては旅に出る。第一作で、さくらの縁談を壊してしまい、旅に出るのを受継いでいて、以後、これがシリーズの定型になる。

第一作では奈良に行ったが今回は京都。

嵐山の渡月橋の袂で商売をする。当るも八卦、当らぬも八卦の易。テキヤの商売のなかでは、話術が巧みでないとつとまらない。いわゆる啖呵売《たんかばい》。寅は、芸のある優秀なテキヤだと分かる。

テキヤの商売には、サクラが必要。この映画では、佐藤蛾次郎演じる源公が、そのサクラとなって「よう当るわ」と景気づける。

源公は、その後の作品で、御前様（笠智衆）の下で働く寺男になってゆくのだが、はじめの頃は、寅の舎弟だったようだ。寅のように啖呵売の芸はないので、もっぱらサクラ。

第二作「続　男はつらいよ」にはテキヤ商売のからくり、いかさまを、寅が面白おかしく語る愉快な場面がある。

散歩先生の家で、もてなされ、思いもかけずうまいものを食べたため、急に腹痛になった寅が病院に運ばれる（そこの医師を演じるのが山﨑努）。

ひと晩で元気になった寅は、病室で他の入院患者たち相手に、テキヤがサクラなどを使って、いかにインチキな品物を客に売りつけるか、を語る。

第三作「フーテンの寅」（70年）では最後、寅は失恋の痛手もなんとか消え、正月、鹿児島から種子島への定期便に乗る。他の乗客相手に「俺《おれ》っちみたいな粋な売人《ばいにん》は、啖呵《たんか》が眩《まぶ》くなくっちゃだめだ」と、啖呵売のさわりを披露する。

「四角四面は豆腐屋の娘、色が白いが水臭い。四谷、赤坂、麴町、ちゃらちゃら流れるお茶の水、粋な姐《ねえ》ちゃん、立ちションベン」と得意の口上を言ってみせる。名調子。

七〇年代当時でも、啖呵売は珍しくなっていたのだろう。第六作「純情篇」（71年、若尾文子主演）では、寅が成田山横浜別院で啖呵売するところを、ラジオ局の人間がマイクを向けて録音する。「黒い黒いは、なに見てわかる、色が黒くてもらいてなけりゃ、山のカラスは後家《ごけ》ばかり」とここでも調子がいい。

テキヤは口上、語りの面白さで客を納得させてしまう。騙されたと騒ぐ客は野暮でしかない。

連れ込みホテルと実の母親

商売の途中、寅は、偶然、迷惑をかけたお嬢さん、夏子に会う。父親の散歩先生と京都旅行をしている。第一作「男はつらいよ」(69年)で、寅が旅先の奈良、東大寺二月堂で、御前様とそのお嬢さん(光本幸子)と会うのと同じ。偶然が過ぎるといっても仕方がない。「男はつらいよ」では偶然はごく当り前のこと。

寅は、鴨川に面した、川床のある小料理屋で散歩先生とお嬢さんと食事をする。源公も付いてくる。お嬢さんが、源公のために鍋の料理をちゃんと取り分けてくれるのが優しい。

散歩先生は、定職にも就かずにふらふらしている寅に「かたぎになれ」と説教をする。「人並み以上の身体と、人並みに近い頭を持っとるんだ」の言葉が笑わせる。

そこで寅は、思いがけないことを言う。

風の便りに、実の母が京都にいる、と聞いた、と。散歩先生は、驚いて、すぐに会いに行けと諭す。「老病死別」は人生の四つの悲しみ、いま母親に会えなかったら、その悲しみに遭うことになると諄々《じゅんじゅん》と説く。

東野英治郎演じる散歩先生は、おそらく、戦前の知的エリートたる旧制高校の出身者だろう。寅と料理屋で会う前に、娘の夏子と、哲学の道を歩きながら、旧制三校の寮歌を歌っている。旧制高校出身のエリートは、小津安二郎監督の映画によく登場する、佐分利信、中村伸郎、笠智衆らに象徴される。言わば松竹映画の十八番の紳士である。「続　男はつらいよ」の東野英治郎は、それを受継いでいる。

哲学の道をステッキを持って歩く姿は、小津安二郎監督「晩春」（49年）で、鎌倉に住む大学教授の笠智衆が娘の原節子と歩く時、やはりステッキを持っていたことを思い出させる。

現代では次第に消えつつあるステッキだが、かつては知識人に愛用された。

散歩先生に急《せ》き立てられ、寅はグランドホテルというご大層な名前のホテルを経営しているらしい母親に会いにゆく。夏子が、寅一人では心配なので付き添う。

ホテルのある場所は、祇園に近い安井毘沙門町。四条大橋を渡り、八坂神社に向かう四条通を、花見小路のところで右に曲り、建仁寺があらわれるあたりを二人は歩く。現在でも、映画のなかに映る建仁寺の土塀は健在で、ロケ場所を容易に確認出来る。

グランドホテルのモデルはこのあたりにあったというがいまはない。花見小路はおしゃれな店が並び、にぎやか。中国人の観光客が写真を撮るのに忙しい。こんなところにホテルがあったら、客は入りにくいのではあるまいか。

寅と夏子は、品のいい女性（夢のなかに現れた風見章子）に案内され、グランドホテルに行く。それ用のホテルだった！　当時はまだ「ラブホテル」という言葉は一般的ではなく、寅は「連れ込みホテル」と言っている。何ごとにも古い言葉を使う寅には、このほうが合っている。

二人は仕方なくホテルの部屋に入る。夏子の方が先に立つ。それを見たミヤコ蝶々演じるおかみが「このごろは女のほうが積極的なんだね。怖いね」と呟くのが笑わせる。勘違いギャグ。

さらに。部屋に入る。仲居の風見章子が、バイブレーション・ベッドなるものや鏡を見せる。

「鏡、お好きですか」と聞くと、つられて佐藤オリエが「ええ」と答え、そのあとうろたえてしまうのも勘違いギャグで面白い。

部屋に入った寅が緊張しきっているのも笑わせる。渡世人なのに、お嬢さんのようなかたぎの女性の前ではからっきし意気地がない。

二人は、はじめ大人しく品のいい風見章子のほうを実の母親だと思っている。ところが話を聞いているうちに、いかにもやり手婆の感じの、ミヤコ蝶々演じるおかみのほうが母親とわかり、驚く。しかも、この女性、寅と知っても優しい声をひとつかけるでもなく、「今ごろ何の用事や。ああ、銭か、銭はあかんで」と冷たく突き放す。これにはさすがの寅もがっくり。感動的になる筈だった瞼の母との再会が、台無しになってしまった。

ミヤコ蝶々は、威勢よく関西弁でまくしたてる。タンカを切る。女の腕ひとつで生きてきた迫力がある。

立て板に水のようにまくしたてる関西弁のみごとさにミヤコ蝶々は関西の人と、つい思ってしまうが、実は東京は日本橋の生まれ。二十代のはじめ吉本興業に入り、それから関西弁に磨きをかけた。

従って、「続　男はつらいよ」の、東京は葛飾の芸者が、大阪に行き、苦労して連れ込みホテルの主人になったという役は、ミヤコ蝶々にぴったりだったことになる。

「ひりっぱなしにしやがって」

実母に裏切られた傷心の寅は、夏子に慰められながら柴又に帰る。ここでお調子者の寅が「悲劇の主人公」として注目されることがうれしくなり、あちこちで「実母との再会」の場を芝居がかって演じて見せるのが、また笑わせる。「かわいそうな寅」としてみんなの同情を買い、得意になる。

とらやの茶の間で、博（前田吟）が京都から帰ってきた寅を傷つけまいと、家族全員に「おかあさん」という言葉は禁句ですと命じる。みんな気を遣って緊張する。その場の雰囲気を変えようと、おいちゃんに言われておばちゃんがテレビをつける。

当時、人気のあったハナマルキ味噌のCMが流れる。小さな女の子が出てきて「おかあさーん」と呼ぶ。秀逸なギャグ。この第二作は、ギャグ満載でシリーズのなかでも傑作のひとつ。

ミヤコ蝶々演じる母親は、ホテルで寅に「手前《てめえ》なんかに産んでもらいたかあなかったい。ひりっぱなしにしやがって、人のことほったらかして雲隠れしやがって、手前それでも親か」となじられると、「ひりっぱなしとは、よう言うたな」「お前に親の気持が分かるか。どこぞの世界に自分の子供を喜んで放る親があるんじゃ！」と負けずに寅に食ってかかる。

この母親にも、子供を手放さざるを得ないやむにやまれぬ事情があったことが分かる。のちに冷静になった寅は、母親のつらさを理解したのだろう、一人で母親を訪ねて、互いに気持が通じ合う。

この映画の最後で、医師の山﨑努と結婚した佐藤オリエは、新婚旅行で京都に行った時、三条大橋の袂を、寅と母親が仲良く歩くところを見かけて、ほっとする。観客も温かい気持になる。ミヤコ蝶々は第七作「奮闘篇」（71年、榊原るみ主演）にも出演している。寅に会いたいと柴又にやってくる。この時、帝国ホテルに泊っているところを見ると（見栄もあるだろうが）、ホテル業は繁盛しているようだ。

さらに一九九一年に公開された第四十四作「寅次郎の告白」（吉田日出子主演）では、寅が「腰巻きでも送ってやろうか」と言っているから、長生きしていることが分かる。めでたい。

三重県の四日市から西へ、少し山へ入ったところに湯の山温泉がある。養老二年（七一八）に薬師如来のお告げによって発見されたという。開湯千三百年を誇る。大石内蔵助が来たという言い伝えが残っている。

シリーズ第三作、森﨑東監督の「フーテンの寅」（70年、脚本は山田洋次、小林俊一、宮崎晃）は、この湯の山温泉でロケされている。シリーズではじめて、奈良や京都とは違う人の騒がぬ田舎の町が登場した。

柴又に帰った寅が、周囲のすすめで料理屋の仲居（春川ますみ）と見合いをする。そのあと例によってひと悶着あり、寅は柴又をあとにして旅に出る。

一方、寅の騒ぎでの疲れを癒やすために、おいちゃんとおばちゃんは温泉に出かけてゆく。そこが湯の山温泉。ここは東海や関西の人には奥座敷として知られているが、東京から行くのは珍しいのではないか。

名古屋まで行き、そこから近鉄で四日市へ。さらに四日市からは、近鉄の支線、湯の山線で終点、湯の山温泉へ。駅からは、バスで温泉街へ。

おいちゃんとおばちゃんは温泉街の中心のバスターミナルに着く。温泉街もにぎわっていて、バスから降りる客を各旅館の番頭が迎える。二人を迎えたのはかなりの年の番頭（左卜全）。あまりいい旅館ではなさそうだ。

しかし、二人を迎えてくれたおかみ（新珠三千代）は美人。「よくいらっしゃいました」と丁寧に挨拶するので二人は感心する。

ところが次に現れた番頭を見て、びっくり。なんと寅。ここでも偶然の出会いだが、うるさいことは言いっこなし。

せっかく寅の騒ぎの疲れを取ろうと温泉に骨休めに来たのに旅館で寅に会おうとは。

「おいつね、俺、何か悪い夢見てるんじゃないだろうな」と苦り切った表情の森川信が笑わせる。

第一作の「男はつらいよ」から第三作の「フーテンの寅」までは傑作揃いだが、面白さの要因のひとつは、森川信の飄々とした味にあるだろう。一九七二年に六十歳で死去したのが、なんとも残念。第八作「寅次郎恋歌」（71年、池内淳子主演）が最後の作品になった。

もともと大衆演劇の出身。浅草の舞台で活躍した。人のいい下町人間、おいちゃんにぴったり。寅に言う口癖、「ばかだねえ」「知らないよ」には、困ったと言いながらも愛情がこもっている。

「まくら、さくら取ってくれ」のギャグは、たまたまセリフを間違えてしまったとか。

「フーテンの寅」では、寅になんとかいい嫁を見つけようとする。しかし、相手の女性は亭主とよりが戻ってしまう。寅は二人のために宴会を開く。ハイヤーまで呼んで二人を旅行に送り出す。あとで、そのすべてのかかりがとらやの払いと知ったおいちゃんとおばちゃんが怒る。当り前だ。寅が、二人を祝ってやれないとは「なんて心の冷たい人間なんだ」と言うと、ついにおいちゃんの堪忍袋の緒が切れる。

博がおいちゃんにかわって寅を投げ飛ばす。観念した寅においちゃんが泣きながら言う。「今度は何とかしてお嫁さん見つけてえと、本気でそう思ってたのに、よくも心やすく冷てえ人間なんて言ってくれたな」。

ここは、何度見ても森川信の演技に胸が熱くなる。人情家のおいちゃんは「冷たい人間」と寅に言われたのがこたえた。「馬鹿だ」「貧乏人」と言われても、おそらく怒らない。ただ「冷たい人間」と言われては黙っていられない。親を亡くした寅とさくらを育ててきたおいちゃんが、そう思うのはよく分かる。おいちゃんにとって、人間の徳のなかでいちばん大事なのは、温かい人情なのだ。

最後の出演作となった「寅次郎恋歌」でも森川信がいい味を見せる。

ある日、買い物から帰ってきたさくらが浮かぬ顔をしている。おばちゃんがどうしたのと聞くと、近所の八百屋のおかみさんが、子供を叱る時、「あんまり勉強しないと寅さんみたいになっちゃうよ」と言ったという。兄思いのさくらは、それを聞いてしょげてしまった。

さくらの話を聞いておいちゃんは怒り出す。腕を組み、険しい顔になっておばちゃんに言いつける。「おい、つね、そこで野菜、買うな」「二度と口きかねえ」。おばちゃんも「当り前だよ」

と怒って応じる。

　自分たちが寅を叱ったり、悪く言ったりするのはいい。しかし、他人が言うのは許せない。身内は絶対に守る。ここにも、おいちゃんの心意気が感じられる。

　もっとも、気のいい二人のこと、翌日は、そんなことはケロッと忘れて、おばちゃんはその八百屋で買物をするのだろうし、おいちゃんもそれで文句を言うことはないだろう。江戸っ子はさっぱりしている。一度怒れば、すっきりする。


　戦前の森川信について、意外なことに坂口安吾が書いている。『青春論』（昭和十七年）にある。昭和十二年頃、安吾は京都に住んだ。よく裏通りの活動小屋に行った。映画の合い間にちょっとしたレビューが演じられた。それに男の役者が出ていて、これが「頼もしい貫禄」を見せた。心に強く残った。ただ、名前が分からない。

　東京に帰った安吾は、浅草の大衆演劇に詳しい知人に京都の活動小屋で見た男の話をした。知人は即座に、それは「モリシン」、森川信だと答えたという。

寅の「人助け」

　旅館で働く寅も客がおいちゃんとおばちゃんだと分かる。夜、部屋で二人と食事をしながら、なぜこの旅館の番頭になったのか得々と語る。

「人助け」からだと言う。

寅に言わせると、この旅館はもう古くなっていて商売はうまくいっていない。おかみさんは親の仕事を引継いだお嬢さんで商売には向いていない。番頭は年寄りで、がたがきている。それで、自分が「人助け」のために番頭になっているのだと、二人に得意気に語る。

もちろん、おいちゃんとおばちゃんは半信半疑で聞いている。

案の定、あとで仲居(野村昭子)から聞いた話は、まったく違っている。

ある時、湯の山温泉にやってきた寅は、このもみじ荘という旅館の前で商売を始めた。あやしげな電子バンドを売る。そのうち、腹の具合が悪くなって、何度も便所を借りに来る。気の毒になったおかみさんが、宿に泊めてやった。

ところが宿代を持っていない。かわりに働かせてくれと言って、そのまま「野良猫」のように居ついてしまった。おまけに、おかみさんに惚れてしまった。

町じゅう、みんな事情を知っているのに、本人だけがそのことに気づかず「人助け」と言い歩いている。

仲居はあきれてそう言って笑う。演じる野村昭子がいい味を出す。俳優座の女優で、仲居の役を得意とした。

「人助け」どころか、例によって寅のひとりよがりの思いこみだった。本人は、意気がって、美人のおかみを助けているつもりでも周囲の人間は、「野良猫」みたいに居ついてしまったしょうもない渡世人と笑っている。

吉行淳之介の短篇「葛飾」(『目玉』所収、新潮社、一九八九年)に、作者らしい主人公と知人が「男はつらいよ」の話をするくだりがある。

知人は、「下町であの映画をみると、客の反応が面白いですよ」「寅さんは、なにしろ主観と客観の落差の烈しい人物ですからね」「そこが、下町のおばさんたちのハラハラするところなんで、寅さん駄目だよ、ほれほれ、またあ、なんて声がかかるんですよ」と語る。

まったく身内は、「主観と客観の落差の烈しい人物」に「ハラハラする」。

仲居から話を聞いたおいちゃんとおばちゃんは、また寅が振られて傷つくのかと心配しながら柴又へと帰ってゆく。

バスに乗り込んだ二人を寅が見送る。おいちゃんが遠回しに言う。「地道にな」。美人のおかみさんに惚れてはいけない、どうせまた振られるだけだからと言いたいのだが、はっきりそうは言えないので「地道にな」。

それでも寅は、おかみさんにまっしぐら。大学教授（高野真二）と再婚する予定にあるおかみさんには困った存在になる。

猫に鈴を付けるように誰かが、寅に本当のことを言わなければならない。仲居の野村昭子が、寅にたとえ話で身を引かせようとするが、察しの悪い寅は気づかない。野村昭子が「困っちゃうよ、あたしゃ」と匙を投げるのが笑わせる。とうとう最後に番頭の左卜全が「馬鹿はお前よ」と言ってのける。

二枚目のつもり、渡世人のつもり

寅は、自分を伝統の型を重んじる渡世人と思い込んでいる。従って、芝居がかった仁義を切るのはうまい。おかみの弟（河原崎建三）と喧嘩する時には、「お控えなすって」と仁義を切る（実際の喧嘩は、博に投げ飛ばされたように弱い）。

また若い芸者（香山美子）の父親（花沢徳衛）が自分と同じテキヤ稼業と知ると、改まって、仰々しく挨拶をする。芝居がかる時の寅は、まるで舞台の上の二枚目のようにきりっとする（すぐにボロが出るが）。

おかみに振られたと分かったあとも、やむなく旅に出る渡世人になったつもりで、障子の向うにいる（と思っている）おかみさんに「このひと月、寅は幸せもんでござんした」と格好をつける。寅は珍しく粋なトレンチコートに白いマフラーを巻いている。

あくまでも本人は二枚目のつもりでいる。それでも障子の向うにいるのは、おかみさんではなく、番頭と仲居たちなのだが。ここでも主観と客観の落差がせつなく、かつ、おかしい。

この第三作。東大の入試問題になったことがある。一九九二年の現代文。「男はつらいよ」シリーズから三つ、セリフが引かれ、そのうちのどれかを選び、感想を述べよというもの。当時、話題になった。

最初に掲げられたセリフが「フーテンの寅」で寅が言う「インテリというのは自分で考えすぎますからね。そのうち俺は何を考えていただろうって、分かんなくなってくるんです」。インテリに比べると自分の頭のなかは「空っぽ」「叩けばコーンと澄んだ音がしますよ」。

受験生はどんな感想を書いたのだろう。

現在の湯の山温泉は寂しいところだった。一人旅にはいっそうだった。

一月なかば過ぎの平日だったこともあり、人の姿が少ない。ホテルのいくつかは店仕舞いしていて、大きなホテルだけに廃墟のように見える。映画の撮影当時と比べると、ホテルの数は半減しているそうだ。

何よりも困ったのは、温泉街なのに食堂がないこと。ラーメン屋もない。ビールを飲もうと思ったのに当てがはずれてしまった。

「フーテンの寅」では、最後、旅館に別れを告げた寅が、ススキのなびく、晩秋の道を一人、歩いていったが、現在の寂しい温泉街の様子を見ると、寅は、寂しさを先取りしていたのではないかと思ってしまう。

近鉄湯の山線の湯の山温泉駅の周辺も、人の姿は少なかった。誰もいない待合室に、「フーテンの寅」のポスターがひっそり張られていた。

森﨑東監督には昔、お会いしたことがある。「週刊朝日」の記者をしていた時、「東京放浪記」という記事を書いた。一九七〇年、まだ二十六歳の時。

一ケ月間、まさにフーテンのように東京の町を放浪する。山谷の労働者と一緒に建築現場で働いたり、千葉港で荷物の上げ下ろしをしたり、新宿でテキヤの若者とウサギを売ったりした。

一九七二年、朝日新聞社を辞めて、鬱々としていた頃、ある日、森﨑東監督から電話があり、会いたいという。会ってみると「東京放浪記」を映画にしたい、ついては一緒に脚本を書かないかという話だった。

うれしく驚いたが、私に脚本を書く力はとてもなく、この話は立ち消えた。それでも「フーテンの寅」の監督が拙文を読んでくれたということは、有難く、励みになった。

いまもこの映画を見ると、何ケ所かで涙を禁じ得ないのは、当時のことを思い出すからかもしれない。

10　岡山の城下町へ

寅は岡山県をよく旅している。

第八作「寅次郎恋歌」（71年、池内淳子主演）では高梁《たかはし》市、第三十二作「口笛を吹く寅次郎」（83年、竹下景子主演）では再び高梁市と総社《そうじゃ》市、そして最終作、第四十八作「寅次郎 紅の花」（95年、浅丘ルリ子主演）では津山市と勝山町（現在、真庭《まにわ》市）。

隣りの広島県にはほとんど行っていないからかなり目立つ。岡山県は「晴れの岡山」というように、日本のなかではのんびりしたところだから、寅のような風来坊には合うのかもしれない。

二月なかば（二〇一六年）、津山、勝山、備中《びっちゅう》高梁と旅した。二泊三日。幸い、すべて鉄道でまわれるので一人旅。東京駅を朝早い新幹線で発ち、岡山まで行き、そこで津山線に乗り換え、津山には昼前に着いた。

岡山県の山間の城下町。小京都と呼ばれている。津山駅（大正十二年開設）は、姫新《きしん》線（姫路―新見）、津山線（岡山―津山）、それに因美《いんび》線（東津山―鳥取。実質的には津山が起点になっている）と三線が発着する主要駅で、駅構内には、かつて蒸気機関車の車庫になっていた扇形機関車庫が残っている。この扇形機関車庫に十六両の鉄道車両を保存し、現在、「津山まなびの鉄道館」が作られている。訪れる鉄道好きは多い。

駅舎はまだ昔ながらの木造平屋。

津山駅を出て、少し歩くと吉井川が流れている。川に架かる今津屋橋を渡ると町の中心部になる。商店街の名前はごんご通り。「ごんご」とは河童のこと。川と共に発展した町らしい。昔は、この川を人や物を運ぶ高瀬舟が行きかった。

津山は城下町。本能寺で討死した織田信長の家来、森蘭丸の弟、森忠政が元和二年（一六一六）に築城したという。その後、徳川一門の松平家が城主となった。十万石。明治に入ってから廃城令で天守閣などが取壊されたが、みごとな石垣が残っている。

春になると、城趾は桜の名所となる。

城趾周辺を歩いていると「水枕ガバリと寒い海がある」で知られる俳人、西東三鬼《さいとうさんき》（一九〇〇―一九六二）の句碑があった。「花冷えの城の石崖手で叩く」とある。津山城の石崖を詠んだものだろう。西東三鬼は津山市の出身だったか。知らなかった。

俳句といえば、渥美清は「風天《フーテン》」の俳号で句を作った。「好きだからつよくぶつけた雪合戦」「お遍路が一列に行く虹の中」という名句がある。「さくら幸せにナッテオクレヨ寅次郎」はユーモラス（森英介『風天　渥美清のうた』大空出版、二〇〇八年による）。

津山は、『拝啓天皇陛下様』を書いた棟田《むねた》博の出身地。この小説を原作にした同名の映画（63年、野村芳太郎監督）は渥美清の出世作となった。

因美線の小さな駅

城趾の東側は城東と呼ばれ、古い瓦屋根の町並みが残っている。出雲街道に沿って、白壁や格子窓の家が並んでいる。町並保存地区に指定されている。

二月の平日、歩いている人はほとんどいない。小雨も降っている。町は静まりかえっている。「寅次郎 紅の花」では、寅が城東の通りの一画で商売をしている。

この映画の津山ロケは地元の人が熱心に誘致運動を行なって実現した。最終作では、甥の満男（吉岡秀隆）もも青年。学生時代からの恋人（高校の後輩）、泉（後藤久美子）が津山の青年と見合結婚すると知って、式の当日、強引に彼女に会いに行く。「卒業」（67年）のダスティン・ホフマンを思い出させる。

花嫁姿の泉の乗った車が、城東の細い道を走る。その前方を、レンタカーに乗った満男がふさいで、泉の結婚を壊してしまう。

この場面は、寺や古い屋敷の並ぶ通りで撮影されている。実際、歩いてみると確かに車一台がやっと通れる狭い道。津山市が発行している「津山ご城下めぐり旅」というイラストマップには、「満男が結婚式場に向かう花嫁の一行を車で妨害するシーン」はここと示してあるから、「男はつらいよ」のファンが多く津山を訪れるのだろう。津山の人は人情が厚く「駆け落ちするなら津山へ」という言葉があるそうだ。

満男と泉は、最後、奄美諸島の加計呂麻島《かけろまじま》で再会する。結ばれるのだろう。もっとも満男は第四十六作「寅次郎の縁談」（93年、松坂慶子主演）では瀬戸内の小島（琴島）で出会った看護婦

（城山美佳子）といい仲になっているし、第四十七作「拝啓　車寅次郎様」（94年、かたせ梨乃主演）では、滋賀県の長浜市に住む大学の先輩の妹（牧瀬里穂）を好きになるから、伯父さんに似て美人には弱いようだ。

最終作「寅次郎　紅の花」には、冒頭、ローカル線の小駅が出てくる。

木造平屋の民家のような駅。寅とテキヤ仲間のポンシュウ（関敬六）がこの駅にやってくる。駅では、近所の人（桜井センリ）が駅員がわりになっている（委託駅員）。ホームはひとつだけ。単線。やがて気動車が来て、二人はこれに乗る。

この駅は、因美《いんび》線の美作滝尾《みまさかたきお》駅。「因美」は因幡《いなば》の国（鳥取県）と美作《みまさか》の国（岡山県）を指している。

美作滝尾駅は津山駅から三つ目。列車さえあればすぐなのだが、因美線は本数が極端に少ない。行ったとしても戻るには、二時間ほど待たなければならない。しかも駅の周辺に商店はない。実は、この駅には六年ほど前に行ったのだが、次の列車まで時間をもてあました。

今回は、仕方なく行き帰り、タクシーに乗る。車だと津山市内から二十分ほど。

美作滝尾駅は昭和三年（一九二八）の開業で、木造の駅舎は当時のまま。国の登録有形文化財になっている。

無人駅だが、町の人が定期的に掃除をして、きれいに保たれている。待合室には、「寅次郎　紅の花」の撮影時の写真や、山田洋次監督の色紙が飾られている。またノートが置かれていて、そ

「木の町」に今も残る美作滝尾駅

こには、「男はつらいよ」ファンと、鉄道ファンがメッセージを寄せている。小さな駅だが人気があることが分かる。駅舎の前には「男はつらいよ」撮影の記念碑も建てられている。いまさらながら「男はつらいよ」の人気に驚かされる。

駅にいた町の人に聞くと、このあたりはかつて林業が盛んだったところで、美作滝尾駅は昭和四十年代まで材木の積み出し駅だったという。木造駅舎をいまでも町の人が大事にしているのは「木の町」だったからなのだろう。

荷風の八月十五日

「寅次郎　紅の花」では、寅とポンシュウは、美作滝尾駅で、勝山までの切符を買っている。タイトルシーンでは、二人が勝山の古い町並みを歩いている。

それに倣って、タクシーで津山に戻り、津山駅から姫新線に乗る。

　昭和二十年の終戦直前に、この姫新線に乗って岡山から勝山に向かった文人がいる。永井荷風。昭和二十年三月十日の東京大空襲で長く住み慣れた自宅、東京麻布の偏奇館を焼かれた荷風は流浪の身となり、昭和二十年の六月に岡山に疎開した。そして、谷崎潤一郎が松子夫人と共に、岡山に近い勝山に疎開していることを知り、八月十三日、谷崎を訪ねた。岡山はすでに空襲に遭っていたので、空襲の心配が少ない勝山に移り住もうと、どんな町か見に行ったのだろう。岡山から倉敷経由で伯備線の新見《にいみ》に出、そこで姫新線に乗り換えて勝山に行っている。

　滞在したのは八月十三日、十四日の二日間。日記『断腸亭日乗』には、谷崎と再会した喜びが記されている。十四日には朝、ともに町を流れる旭川に沿って散歩をしている。夜は谷崎の心づくしで、牛肉を御馳走になっている。「日本酒も亦《また》あたゝめられたり、細君下戸ならず、談話頗《すこぶる》興あり」。

　岡山県の山間の隠れ里のような町で、この夜ばかりは二人は戦時下であることを忘れたことだろう。勝山で二日過ごした荷風は八月十五日、姫新線、伯備線を乗り継ぎ、岡山に戻り、そこで戦争が終ったことを知る。

　新見から向かった荷風とは東西逆向きになるが、津山から勝山へ向かう。この姫新線にかつて一人、荷風が乗ったのだと思うと感無量になる。

「のれん」商店街

津山から一時間ほどで勝山に着く。駅名は中国勝山。駅舎は近年改築され、堂々たる和風の建物になっている。無人駅ではないが、正式の駅員はいないようだ。待合室で、下校する高校生が四人、列車を待つあいだトランプをしているのが可愛い。置いてある町の観光パンフレットには、「谷崎潤一郎の愛した町、勝山」と謳っている。

勝山も城下町だが津山に比べると小さい。城下町というより、出雲街道の宿場町といったほうがいいかもしれない。町はその面影を残している。

駅前の商店街にある旦《だん》酒店は、かつて谷崎が疎開していた家。離れを借りていた。谷崎と荷風が仲良く並んだイラスト入りのラベルのついた地酒が売られているのが面白い。

ここも平日だし、雨が降っているので人の姿は少ない。

商店街を抜けると旭川にぶつかる。この川の下流は岡山市になる。昭和二十年六月二十九日の岡山空襲に遭った荷風は、市内を流れる旭川の河川敷でかろうじて難を免れた。

旭川に沿って、昔ながらの宿場町の通りがある。瓦屋根、連子《れんじ》格子の商家が並ぶ。山間の小さな町に、こんな町並みが残っていたかと少しく感動する。七十年以上前、荷風と谷崎が歩いた頃と、町並みはさほど変わっていないのではないか。

この通りには、「谷崎潤一郎疎開の地」の碑も作られていた。さらに、通りのなかほどにある郷土資料館には、谷崎のコーナーもあった。谷崎を顕彰している。

この通りも、津山の城東地区と同じように町並保存地区に指定されている。面白いのは、通りのどの店にも、しゃれたデザインの「のれん」が掛けられていること。花畑のよう。骨董店や酒屋だけではなく、理髪店にも化粧品店にも、さらには個人の家にも「のれん」がある。

日本のいろんな町の商店街を歩いたが、こんなきれいでカラフルな「のれん」の通りを見るのは、はじめて。パレットのなかを歩いている気分になる。

郷土資料館の人に聞くと、加納容子さんという勝山在住の染織家が始めたという。一軒一軒、その家の個性に合わせて作っていった。素晴しいアイデア。勝山はいまでは「のれんの町」として知られているという。一般的に商店街は千客万来。よそ者でも快く受入れてくれる。「のれん」はいわば、その合図でもある。

「寅次郎 紅の花」では、寅とポンシュウが冒頭のタイトルシーンでこの通りを歩く姿がとらえられる。撮影当時はまだ「のれん」はないが、瓦屋根の商家が並ぶ通りはいまと変わらない。

二人は、御前酒《ごぜんしゅ》蔵元という造酒屋で利き酒をする。この酒屋の前にも、美作滝尾駅と同じように「男はつらいよ」ロケ地の碑が作られている。

映画のなかで勝山はドラマの舞台になっているわけではない。ただタイトルシーンで、寅とポンシュウが歩く。それだけのために、勝山の町と、そして美作滝尾駅を登場させている。贅沢といえば贅沢だが、山田洋次監督は、失われてゆく日本の良き風景を、カメラでとらえておきたいという思いが強かったのだろう。

「男はつらいよ」は、喜劇映画としてだけではなく、懐しい風景を記録したシリーズとして長く残るに違いない。実際、「男はつらいよ」を見ると、ロケ地に出かけたくなるのは、そのためだ。東京に住んでいる人間には、とくにその風景が貴重に思える。日本には、まだこんな風景が残っ

文豪のラベルの地酒。イラスト通り、二人は終戦前日にすき焼を食した

ていたのか、と心やわらぐ。愛国心とは、その国の言葉を愛すること、そして、失われてゆく風景を愛することではないか。

タンゴのかかるうどん屋で

この日は、新幹線のなかで駅弁を食べただけ。夕方になって、おなかが空いてきた。小さな町なので飲食店が少ない。今夜の宿は、勝山の隣りの久世《くせ》（現在、真庭市）のビジネスホテルにしている（勝山にホテルはない）。

久世まで行かないといい店はないかと駅に向かって歩いていると、先ほど歩いた商店街に小さなうどん屋があった。

間口一間ほどの店。おやじさんが一人。客は誰もいない。狭い店内のあちこちにメニューや写真が張ってある。何より驚いたのは、レコードのコレクションがあり、昔ながらのプレーヤーがあったこと。

レコードはクラシックからジャズ、歌謡曲まで雑多。ちょうどかかっていたのはタンゴ。うどん屋でタンゴとは。

おやじさんは私と同年輩か。はじめ、気難しい「こだわりの主人」かと思ったが、「好きなレコード、かけていいよ」といたって気がいい。

さらに有難いのは、酒が置いてあること。寒いので燗酒をもらう。肴は野菜のてんぷら。量がすごい。おいしいが、とても食べ切れない。おやじさんは「残してもいいよ」とあくまでも愛想がいい。お店というより客間にいるよう。

「古い町並みが残っていい町ですね」というと、おやじさんは「でも寂しいだろ。人口は減り続けて、最盛期の半分くらいじゃないかな」と元気がなかった。

子供たちも東京をはじめ、みんな都会に出ていったという。いま日本の多くの町で見られる過疎化がこの町でも進んでいる。駅でトランプをしながら列車を待っていた高校生たちも、いずれは町を出てゆくのかもしれない。

その夜は、久世のビジネスホテルに泊った。持ってきた文庫本、横溝正史の『八つ墓村』を読んだ。というのは、この作家も岡山県に縁があるから。

横溝正史（一九〇二―一九八一）は神戸の生まれだが、戦時中、岡山県の岡田村（現在の倉敷市真備町岡田）に疎開した。鉄道の駅でいうと、伯備線（倉敷―伯耆大山《ほうきだいせん》）の倉敷の次、清音《きよね》。

そこでの暮しがよかったためだろう、横溝正史は、戦後、岡山県を舞台にした小説を次々に書いてゆく。金田一耕助が初登場する『本陣殺人事件』をはじめ『獄門島』『夜歩く』、そして戦前、津山近郊で起きた大量殺人事件に材をとった『八つ墓村』など。

『八つ墓村』は一九七七年に野村芳太郎監督で映画化されたが、この時、金田一耕助を演じたのが渥美清。勝山、備中高梁などでロケされている。「男はつらいよ」だけではない。渥美清は案外、岡山県と縁がある。

「口笛を吹く寅次郎」では、冒頭、寅がレオナルド熊演じる、娘を連れた男やもめと親しくなり、備中国分寺（創建は天平時代）で遊んでいる。この国分寺がある総社市は、横溝正史が疎開していた清音の隣りになる。

博の実家がある町

「口笛を吹く寅次郎」では寅は、国分寺から伯備線に沿って流れる高梁川を川舟に乗ってさかのぼり、高梁の町に着くが、さすがに川舟はもうない。撮影用に仕立てたのだろう。

二日目。久世駅から新見《にいみ》経由で伯備線の備中高梁に行く。新見での乗り換え時間を入れて久世から一時間半ほど。

高梁市は伯備線のなかでは大きな町。津山と同じように小京都と言われている。町から見上げられる備中松山城は、天守閣を持つ山城としては日本で最も高いところにあるという。NHKの大河ドラマ「真田丸」はこの城でロケされている。戦国時代にこの城をめぐって争奪戦が激しく、城主は目まぐるしく変っている。

備中高梁には前田吟演じる博の実家がある。第八作「寅次郎恋歌」では、ある日、博のところに「ハハキトク」の電報が入る（こういう電報も現在では珍しくなった）。あわてて博は妻のさくらと共に、備中高梁の実家に駆けつける。

当時の駅（大正十五年開設）は木造の瓦屋根で玄関ポーチが付いたしゃれたもの。近年、ビルに建て替えられてしまったのが惜しまれる。

博が家に着いた時は、母親はもう息を引き取っている。柴又を出る時、博はさくらに「喪服を持っていったほうがいい」と言っている。小津安二郎監督「東京物語」（53年）の母親の死のくだりを思い出させる。

博の父（志村喬）は大学教授。父親の家は伯備線の線路に沿う、武家屋敷が並ぶ一画にある。駅から歩いて十分ほどのところ。驚くことに、撮影当時とほとんど風景が変わっていない。江戸時代に建てられた瓦屋根、漆喰壁の武家屋敷が何軒も残っている。「寅次郎恋歌」では、旅先から葬儀に駆けつけた寅が、葬儀のあと、皆んなが帰ってしまい、博の父親が一人では寂しいだろうと数日、滞在することになる。

ある時、先生と寅は町へ買物へ出る。武家屋敷の前の道を下って、駅のほうへ歩いてゆく。そこへ蒸気機関車が走ってきて、二人の横を走り抜けてゆく。鉄道好きの山田洋次監督は細かいところまで気を配っている。

この映画で博には二人の兄がいることが分かる（梅野泰靖、穂積隆信）。博は高校を中退して家を出てしまったから、兄たちとはあまり仲が良くない。兄たちは、町の小さな印刷屋で働く弟を低く見ているようだ。

博を演じる前田吟は山口県の防府《ほうふ》市の出身。高校を中退したあと、新聞配達、牛乳配達、植字工などの職業を転々とした。このあたりは博と似ている。

俳優を志し、俳優座に入った。山本薩夫総監督の「ドレイ工場」（68年）で鉄工所の青年労働者を演じ、これが山田洋次監督の目にとまり、「男はつらいよ」の博役になった。

博は寅のような風来坊とは正反対の実直な労働者。月刊誌の「世界」を読むのだからインテリでもある。真面目すぎてよく寅に「つまんない男だね」とからかわれる。それでも誠実そのもの。のちにはタコ社長の補佐役として朝日印刷を支えることになる。

あまり冗談をいわない博だが第四十二作「ぼくの伯父さん」（89年、檀ふみ主演）で、大学生の満男がバイクに乗るのに自分は自転車、そこで「息子はバイクで親父は自転車か」と自嘲するのが笑わせる。

寅の気分になる

備中高梁は静かな町。空襲に遭っていないからだろう、瓦屋根の古い家があちこちに残っている。寺も多い。高い建物は少ない。コンビニやチェーン店もあまり見かけない。大学があるが、学生が遊ぶようなところもないようだ。古都の趣きがある。ロシア文学者の米川正夫はこの町の出身。『蒼氓《そうぼう》』で第一回芥川賞を受賞した石川達三は、小中学生時代をこの町で過ごしている。

駅の東側の山裾に寺が六つほど並んでいる。そのなかのひとつ、薬師院という石段のある寺が

「口笛を吹く寅次郎」の撮影に使われた寺で、門前にも、石段を上がった境内にも、そのことを記した碑や案内板がある。

「口笛を吹く寅次郎」では、先生の三回忌に、寅はまた備中高梁にやってきて墓参りをする。こういうところは渡世人らしく義理堅い。

寺の僧侶（松村達雄）とその娘（竹下景子）と知り合い、ひょんなことから僧侶にかわって法事を務めることになる。帝釈天の門前町に育ったから「門前の小僧」でお経のまねごとは出来る。「口笛を吹く寅次郎」は、備中高梁が物語の中心になっている。薬師院に訪いを入れると、住職夫人が快く応対してくれ、撮影時の写真を収めたアルバムを二冊見せてくれる。「男はつらいよ」のファンがよくロケ地めぐりにやってくるので、ちゃんと用意しているのだろう。

寺を出て町を歩く。駅は新しくなったものの、町の様子は、撮影当時とそれほど変わっていないのではないか。

寺の息子（中井貴一）の恋人（杉田かおる）が働いていた「白神食料品店」はそのまま残っているし、寅が歩いた紺屋《こうや》川沿いの風景も変わっていない。

カメラマンになろうと町を出てゆく中井貴一が乗った列車を、杉田かおるが泣きながら見送る伯備線の踏切も当時のまま。おそらく伯備線が高架線になることはないだろう。町を流れる高梁川の畔には、出演者が撮影中に泊ったという木造三階建ての油屋旅館も健在だった。

津山、勝山、備中高梁。山田監督は変わらない日本の町を見つけては撮影していったことが分かる。ノスタルジーが「男はつらいよ」の基本にある。

この日は、市内のホテルに宿をとった。しかし、ホテルで食事はつまらない。夕方、部屋でひと休みして、夜になって町へ出た。勝山と同じで、飲食店の数は少ない。一人旅なので、一人の客でも入れてくれるような店を探すのだが、なかなか見当らない。

一時間ほど歩いて、いい店がないので、仕方なくラーメン屋に入ることにした。ここでビールと餃子にしよう。

小さな店で、カウンターとテーブルがふたつほど。メニューには学生ラーメンとあるし、マンガの本も多い。学生相手の店なのだろう。

期待はしなかったが、餃子がおいしい。客は私ひとりだったので、おかみさんが話し相手になってくれる。きれいな女性。社会人の子供がいるというが若々しい。

「古い町並みが残っていて、静かないい町ですね」と昨日の勝山と同じことを言うと、ここでもおかみさんは「でも寂しいでしょ。人が減って」。お子さんたちは町を出ているという。

そういえば市は二〇一五年「出産祝金支給制度」で話題になった。生まれる子供の数によって祝金を支給する。三人目は五十万円、四人目以降は百万円。これで少子化がとまるといいのだが。

東京から来た、一人暮しをしている、というと、おかみさんは「ぜひ町に移住してきて」とすすめてくれる。

この町は、地震も台風も、災害に遭ったことがない。「だからみんなのんびりしている」。なるほど、それで寅は二度も来たのか。

移住は無理にしても、時々、寅のようにふらっと来て、おかみさんに話し相手になってもらってビールを飲むのもいいかもしれない。

壁を見ると、美少女の写真が張ってあった。おかみさんの若い頃の写真で、学生時代、槍投げの選手として活躍したという。若々しい筈だ。

美女に弱い寅さんの気分になった。

11　播州の小京都と大阪へ

東京からこの町に来ると、いまどきよくこんな昔ながらの町が残っていると感動する。

播州の小京都と呼ばれる兵庫県の龍野市（近年、たつの市と表記が変った）。白壁と瓦屋根の武家屋敷、格子や卯建《うだつ》のある町家、寺社、堀割、鍵形の狭い道。戦災にも遭っていないためだろう、脇坂家五万三千石の城下町が昔のままに残っている。

小京都と呼ばれる町は下手をすると、観光地化して、つまらなくなってしまうのだが、この町は静かで、落着きがある。日々の暮しを感じさせる。

醤油、素麺、それに皮革などの地場産業がきちんとしているからだろう。人口約八万人。揖保《いぼ》川が流れ、町なかをはずれると田園風景が広がっている。箱庭のような小さな町である。

太地喜和子が芸者を演じた第十七作「寅次郎夕焼け小焼け」（76年）は、龍野を舞台にしている。シリーズ中期の傑作と評価が高い（「キネマ旬報」ベストテン二位、太地喜和子は同助演女優賞）。

寅が上野のガード下あたりの居酒屋で、無銭飲食ととがめられた老人（宇野重吉）を哀れに思い、とらやに連れて帰り、泊めてやる。老人はとらやを宿屋と間違え、風呂をわかせ、うなぎを食べたいとわがままを言うので、おばちゃん（三崎千恵子）に嫌われてしまう。

ところが、この老人が実は、横山大観ならぬ池ノ内青観という日本画家の大家と分かり、とらやでは大騒ぎになる。騒ぎのさなか、寅は例によっておいちゃん（下條正巳）や、タコ社長（太宰久雄）と喧嘩になって、旅に出てしまう。

旅先が播州龍野。二〇〇五年の平成の大合併時に、龍野市は表記がひらがなのたつの市になってしまった。たつのでは小京都の感じがしない。本稿では龍野と書く。ちなみに市内には龍野町があるが、そこの住所表記は「たつの市龍野町」。市民も龍野に愛着があるのだろう。

龍野の町はずれ（揖西町《いっさいちょう》 佐江《さえ》）、田のなかの一本道をトランクをぶらさげて歩く寅は、偶然、故郷に帰っていた青観老人と再会（おなじみの「偶然」）。市の観光課の職員に青観の友人と間違えられ、歓迎の宴席に招かれる。そこで気のいい芸者、ぼたん（太地喜和子）と知り合う。

龍野は、山田作品に傍役で出演していた榮藤《えとう》孝という松竹の元俳優の故郷。この人が次回作のロケ地を探していた山田監督に龍野を紹介したという。

姫路から姫新線で二十分ほどで本竜野駅に着く。龍野の玄関口。実は龍野を訪れるのは今回で三回目。東京からここに来ると、変らない風景にほっとするから。

駅周辺は新しい町。といっても大きな建物は少ない。五、六分歩くと揖保川に出る。この川を西へ渡ると昔ながらの町になっている。地元の人は川西、川東と分けて言う。市役所や大型スーパーは新しい川東にある。

揖保川に架かる龍野橋の畔（東詰）から、町の象徴、鶏籠山《けいろうさん》が見える。その名のとおり鳥籠のような形をした小さな山。「寅次郎夕焼け小焼け」では、市の観光課の課長（桜井センリ）が、寅に「ここから見た鶏籠山がいちばん美しいと言われてます」と説明する。

赤とんぼだらけ

三月の終わり。町には桜が咲いている。静かで穏やかで、都会から来ると、町は隠れ里のよう。規制がされているのだろう、派手な看板がいっさいない。路地、寺、堀割。映画が撮影されてから四十年経つが、風景がほとんど変っていないのに驚く。そもそも映画のなかで、課長の桜井センリが商家の並ぶ町並み、古い街道を案内する時、寅に「このへんはほとんど昔と一緒ですなあ」と説明している。

寅と青観が泊る梅玉旅館の旧玄関前も健在。旅館の前を流れる土文字川《どじ》という小さな川の様子も変っていない。太地喜和子のぼたんが住んでいた醤油工場のある路地裏のたたずまい、ぼたんがタクシーから降りる時にちらっと見える洋館、芸者たちが歩く如来寺付近、青観が昔の恋人（三十九年ぶりに日本映画に復帰した岡田嘉子）の家を訪ねてゆく時に歩く、白壁の土塀が続く旧脇坂屋敷周辺など、今もほとんど映画のなかのまま。

それも、努力して保存しているというより自然に残っているという生活感がある。こんな町も珍しいのではないか。

昼食をとるために入った小さな食堂の話好きのおかみさんによると、地元では町並み保存の努力はされていて、高い建物の建設などは制限されていると言う。「スーパーもマンションも新しいものはみんな（揖保川の向こうの）川東にある」。

川を挟んで旧市街と新市街がうまく住み分けられている。旧市街には昔からの住民ばかりで、新住民が移り住むのは難しい。「そもそも住む家がないし、住んだとしても、隣り同士、お互いの家のことはなんでも知っているから、都会から来た人には住みにくいと思うよ」とおかみさんは言う。

古い町だけに、商店街には呉服屋、和菓子屋、茶屋が目につく。お茶が盛んな町らしい。通りの脇には小川が流れる。家の下を流れることもある。ぼたんが最後、洗濯をしていた小川（堀割）はいまも健在。ただ、さすがにぼたんの家は、映画のなかでもかなり古い木造家屋だっただけに、取り壊されていた。

また、町の人によると、岡田嘉子が住んでいた土塀のある家もいまはなくなっているという。古都にも多少の変化はあるようだ。

「夕焼け小焼け」とあるように、龍野は、童謡「赤とんぼ」の作詞者、三木露風《みきろふう》（一八八九―一九六四）の故郷。町は「童謡の里」を謳っている。「赤とんぼ」の歌碑があるし、バスやマンホールなど市内のあちこちに赤とんぼのマークがある。赤とんぼ広場、赤とんぼプラザ、赤とんぼ文化ホール、国民宿舎赤とんぼ荘と、赤とんぼだらけ。映画のなかでは、市長（久米明）の部屋に「赤とんぼ」の詩が掲げられている。

ちなみに「夕焼け小焼け」の「小焼け」とは「小さい夕焼け」のことではなく、「小《こ》」はただ語調を揃えるための飾りの言葉。

童謡「赤とんぼ」(作曲、山田耕筰)は、私などの世代には、昭和三十年に公開された群馬交響楽団の苦闘の歴史を描く水木洋子脚本、今井正監督の「ここに泉あり」で、山奥の分校の子供たちが、本校で楽団員の演奏を聴いたあと、分校へと帰ってゆく時に歌った歌として長く心に残っている。いまでもビデオでこの場面を見ると、涙が出る。

旧市街は歩いていて、飽きない。横丁があると入ってしまう。抜けるとまた別の横丁がある。町は山裾に向かってゆるやかな坂になっている。坂の上に龍野城や武家屋敷があり、坂の下に商家が並ぶ。

この町は『人生論ノート』で知られる哲学者、三木清(一八九七―一九四五)の故郷でもあり、顕彰する碑が作られている。また、揖保川町には、永富家という大地主の屋敷が残っているが、この家から出たのが、鹿島建設の社長をつとめた鹿島守之助。

映画人もいる。松竹の映画監督で、赤線最後の日を描いた「にっぽん・ぱらだいす」(64年)をはじめ「喜劇・あゝ軍歌」(70年)「神様のくれた赤ん坊」(79年)「土佐の一本釣り」(80年)などで知られる前田陽一(一九三四―一九九八)。

故郷を回想したエッセイ「ああ、龍野」(『含羞のエンドマーク　前田陽一遺稿集』あすなろ社、二〇〇三年)で龍野の良さをこう書いている。

「龍野には観光的な目玉になるような名所こそないが、そのため俗っぽい土産物屋が並ぶ風景とは無縁で、しっとりとした風情の町並みが、山の手、下町地区を問わず見られる。半日をつぶしてぶらぶらするのに適している。日本の古い町のいいところを、すこしずつ、まんべんなく取り入れた、きれいな幕の内弁当のような町だ」

「きれいな幕の内弁当のような町」というのが面白い。

岡田嘉子の「後悔」

「寅次郎夕焼け小焼け」には、シリーズのなかでは珍しく悪人が登場する。善人ばかりの映画のなかで異色。

　芸者のぼたんから、二百万円という大金を騙し取った詐欺師。民藝の俳優だった佐野浅夫が演じている。

　会社を設立すると称し、金を集める。集まったところで会社が倒産したと言う。無論、はじめからでたらめの話。人のいいぼたんがこれに騙されてしまった。

　ぼたんが東京に出て来て、金を取り戻そうとこの小悪党に会う。タコ社長が付添う。お人好しの社長ではとても相手にならない。佐野浅夫の小悪党ぶりが絶品。「男はつらいよ」シリーズのなかでも異彩を放っている。

　結局、ぼたんは泣き寝入りするしかない。寅は義憤を感じるが、金とは縁がない身では助けようがない。

　思いあまって、青観の家に行き、事情を話して絵を描いてもらおうとする。前段で、とらやを宿屋と思い迷惑をかけた青観は、詫びにちょっとした絵（こうじという縁起物）を描き、寅にそれを神保町の古本屋に持っていって、主人に見せ、少し融通してもらってくれと言う。まだ老人が高名な画家と知らない寅は、事情が分らないまま、絵を古本屋（大滝秀治）に見せる。主人はなんとその「楽書きのような絵」に七万円の値をつける。寅は仰天する。

この古本屋でのやりとりが笑わせる。とらやに戻った寅が「七万円！」と興奮し、「明日からは家中そろって面白楽しくホカホカホカホカホカホカ暮らすんだよ」と騒ぎ立てるのも愉快。浅ましくはあるが、七万円くらいで大騒ぎするのだから可愛い。

この前段があるので、寅は青観に、ぼたんのために「絵を描いてくれないかな、丁寧に」と無理な頼みをする。青観が「金のために絵は描けない」と断ると寅は駄々っ子のように怒り出す。困った奴だが、自分のためではなくぼたんのためなのだから憎めない。

夏。寅は、ぼたんに会いに再び龍野を訪れる。ぼたんと再会した寅は、青観が、ああはいっても、ぼたんのために絵（牡丹の絵）を描いて送ってくれたことを知る。感激した寅は、醬油蔵のある通り（日山地区）に出ると、醬油樽の上に乗って青観のいる東京方面に向かって感謝の手を合わせる。龍野が醬油の町であることをうまく使っている。

この映画には、宇野重吉の青観と岡田嘉子演じる龍野に住む生け花の師匠の恋がサイドストーリーとしてある。二人は若い頃に愛し合っていたが結ばれなかった。老いを迎えた青観は龍野に戻った時、彼女を訪ね、若き日の悔いを語る。おそらく青観のほうに勇気がなかったのだろう。詫びる青観に彼女は言う。

「近頃よくこう思うの、人生に後悔はつきものなんじゃないかしらって、ああすれば良かったなあという後悔と、もうひとつは、どうしてあんなことをしてしまったんだろうという後悔……」

岡田嘉子の波乱の人生、演出家の杉本良吉とのソ連越境、その後のスターリン体制下の想像を超えた苦難（これについてはまだ謎が多い）を思えば、この生け花の師匠の言葉は岡田嘉子自身の思いと重なるだろう。

岡田嘉子は一九七二年に三十四年ぶりに旧ソ連の文化使節として里帰りした。「男はつらいよ　寅次郎夕焼け小焼け」をはじめ、映画やテレビに出演したが、一九八六年にソ連に戻り、一九九二年、モスクワで死去した。八十九歳だった。

「男はつらいよ」に出演した時は、七十歳を過ぎていたが、その変らぬ美しさ、品の良さで観客を感動させた。死に際しての記事のなかで山田洋次監督が語っている（「毎日新聞」一九九二年二月十一日付）。昨年（九一年）三月にお会いしたのが最後、「ずっと日本にいらしたら」と言ったら「モスクワで死ぬつもりです」とおっしゃった。「ソ連邦の崩壊を思えば、岡田さんの死は象徴的な気がする」。

社会主義への愛がスターリン体制の過酷さによって無残に壊された。

「寅次郎夕焼け小焼け」では、珍しく寅は振られない。ぼたんは少なくとも寅を憎からず思っている。寅のほうも軽口とはいえ、再び龍野に行き、ぼたんに再会した時、「お前さんと所帯持とうと思ってやって来たんだ」と言っている。冗談でしか言えない本音もあるから、寅は案外、ぼたんと所帯を持ちたかったのかもしれない。これも龍野の町の良さがあったためだろう。

寅が好きになる女性は、第一作のお寺のお嬢さん（光本幸子）、第二作の恩師のお嬢さん（佐藤オリエ）、第三作のお嬢さん育ちの老舗旅館のおかみ（新珠三千代）……と、お嬢さんが多い。芸者を好きになるのは珍しい。

もっとも、龍野の芸者というのは昭和三十年頃までの話で、現在ではもういない。映画の撮影当時もいたかどうか。食堂のおかみさんは「『男はつらいよ』を見て、龍野の芸者に会いたいというファンの人が来るけど、もう芸者はいないの。残念でした」と笑う。

昭和二十年代の終わりに、文藝春秋の講演会が開かれ、高見順、檀一雄、吉田健一が訪れ、その歓迎の酒宴で龍野芸者が踊りを見せた、と図書館にあった郷土誌に書かれていた。この頃が龍野芸者の最後の時代だったようだ。

引き際が肝腎？

第三作「フーテンの寅」（70年、森崎東監督）には、三重県湯の山温泉の芸者（香山美子）が出てくるが、彼女は残念ながら、旅館の息子（河原崎建三）の恋人。寅とは関わらない。「寅次郎夕焼け小焼け」の太地喜和子が最初の寅の恋人になる芸者。太地喜和子は「私のような清純派ではない女優が寅さんの相手役に選ばれるとは思っていなかった」と出演の話が来た時、驚き、感激したという。

芸者はもう一度、登場する。第二十七作「浪花の恋の寅次郎《じろう》」（81年）。

寅は大阪の宗右衛門町《そうえもんちょう》あたりの芸者、松坂慶子演じるふみに恋をする。ちなみに、松坂慶子は東京出身、大阪弁を覚えるのは苦労しただろう。

とらやに帰ったものの、またしてもつまらぬことでおいちゃんたちと喧嘩した寅は、瀬戸内海に浮かぶ豊島《とよしま》（広島県）を旅する。商売が終って丘の上の墓地で海を見ながら、牛乳とあんぱんで簡単な昼食をとっている時に、祖母の墓参りに来たというふみに会う。

この時には、寅はふみが芸者とは気づかない。大阪で働いていると聞いて、仕事を当てようとする。「工場勤め」「ＯＬ」と挙げて最後に「あ、郵便局」と思いつく。寅には郵便局で働く女性はかたぎの典型のようだ。

豊島には実は行ったことがない。第四十六作「寅次郎の縁談」（93年、松坂慶子主演）の瀬戸内の小島のロケ地になった志々島と高見島には二〇〇五年に出かけているのだが。

豊島でひと商売を終えた寅は船で大阪に出る。

通天閣の見える新世界の路地にある安宿に泊る。大阪での商売はあまりうまくいっていないようで、宿代をだいぶ滞らせている。宿の息子（芦屋雁之助）が申訳なさそうに請求書を持ってきても、寅はそれを丸めてポイと捨ててしまう。

どうも寅と大阪は、相性がよくないようだ。

あとで、寅はふみに大阪で再会したために長く居ることに決め、そのことをとらやの面々に葉書で知らせる。

おいちゃん、おばちゃん、さくらは、寅が大阪とは、と不思議がる。

「大阪と寅か……相性よくねえみたいだけどな」（おいちゃん）「大阪、大嫌いって言ってたよ、

「(大阪弁聞くと)ジンマシンが出るって」(おばちゃん)「料理は薄味で食べた気がしないなんてね」（さくら）。

その寅が大阪に住む気になったのは言うまでもなく美人のふみに会ったから。石切劔箭《いしきりつるぎや》神社の縁日でばったりふみに再会する。

石切劔箭神社は大阪の東、奈良県の生駒《いこま》に近い丘の上にある。近鉄奈良線の石切駅で降りると、神社の参道（下り坂になっている）があり、両脇に小さな商店がずらりと並ぶ。みやげ物屋、洋服屋、食堂、佃煮屋、漬物屋、それになぜか占いの店が多い。老人の多いにぎわいは、東京の巣鴨のとげぬき地蔵を思わせる。

寅は神社の境内で商売をする。「水中花」（松坂慶子のヒット曲「愛の水中花」にちなんだのだろう）を売るのだが、客はさっぱり来ない。寅もやる気はない。

隣りでは大阪のテキヤが大勢の客を集めているというのに寅は意気が上がらない。江戸っ子が大阪弁に圧倒されている。

ちなみに、帝釈天の寺男になっている源公は大阪出身という設定。演じている佐藤蛾次郎も大阪出身。寅は石切劔箭神社の商売に源公を助っ人として連れてゆけばよかったかもしれない。

商売が上がったりで腐っている寅の前を、着物姿のふみが、同業らしい連れの二人（正司照江、花江）と通りかかる。美人を見ればたちまち元気になる寅。気がつけば三人と参道の食堂でビール。「お宅さんきれいな言葉ですなあ。やっぱり男はんは東京弁やな」「お世辞言わはったかって、何とのう垢《あか》ぬけてますなあ」とおだてられ、すっかり御機嫌になる。

これがきっかけとなって、ふみと親しくなり、ある時、生駒山へデートとしゃれこむ。

近鉄奈良線で生駒まで行き、そこから中腹の宝山寺《ほうざんじ》（生駒聖天、聖天さん）、さらに山頂へと向かうケーブルカー（生駒ケーブル）に乗る。

大正七年（一九一八）に開業した日本最初のケーブルカー。当初は生駒（駅名は鳥居前）から宝山寺まで、さらに昭和四年には山頂まで延長された。大阪の人の行楽地。東京で言えば高尾山に当たるだろうか。

高峰秀子の子役時代の作品、石田民三監督の「花つみ日記」（39年）では、大阪の女学生、高峰秀子がこのケーブルカーに乗って生駒山にハイキングに出かけている。

寅とふみは山頂までは行かず、途中の宝山寺駅で降りて、長い、長い石段を上って生駒聖天に寺参りする。

その帰り、参道の茶店で寅は、ふみから身の上話を聞くことになる。幼い頃に両親が離婚し、祖母に育てられたというふみには、実は弟がいる。子供の頃に別れたきり、会っていない。もう二十四歳になり、大阪で働いている。

その話を聞いた寅はすぐに、弟に会いに行こうと言う。美女の身の上話には弱い。弟が働いている運送会社は、大阪湾に注ぐ安治川沿いの工場地帯にある。東京で言えば、蒲田の町工場が並ぶ多摩川河口あたりに似ている。

会社（といっても小さな事務所）を訪ねると、上司（大村崑）が気の毒そうに、弟さんは心臓の病気で急死したと告げる。

泣き崩れるふみに対し、寅は、弟を見送ったという同僚たちにきちんと「生前、お世話になりました、有難うございます」と頭を下げる。ふだんは間抜けなことばかりしている寅だが、こういう建前の礼儀には強い。

弟の突然の死にふみは心乱れる。その夜、寅の安宿を訪ね、寅の膝の上に泣き崩れる。不幸な美女ほど美しい女性はいない。寅は心ときめくが、そこは紳士以上に紳士で、〝殺したいほど惚れてはいたが、指も触れずに別れたぜ、とばかり（第一作「男はつらいよ」で寅が歌った「喧嘩辰」）、ふみを部屋に一人寝かせると、自分は、宿の息子の部屋に行ってしまう。粋というか、情けないというか。

翌朝、目ざめたふみは置き手紙をして去ってゆく。早朝、人の姿の少ないジャンジャン横丁を走り抜け、天王寺動物園の横の交差点でタクシーを拾う。この場所の風景は、現在も撮影当時とさほど変っていない。

かくして寅の恋は終わる。あとで、ふみは柴又に行き、かねて付合いのあった板前（斉藤洋介）と結婚し、長崎県の対馬で暮らすことになったと寅に報告する。

さすがにそれを聞いた寅は傷つく。思わずさくらに愚痴を言う。「わざわざ来ることはなかったんだ。葉書一本出しゃ済むことじゃねえか」「こんなみじめな気分にさせられてよ」。二階の部屋で電気もつけずに座っている寅の背中が悲しい。寅の失恋のなかでも切ないもののひとつ。粋がって手も触れなかったつけがまわってきた。

もっともそのあと、夏の暑い盛りに、気を取り直し、新婚のふみを対馬に訪ねるのが、寅の良さであるが。それとも、「男心の未練」か。

それより前、ふみと別れ、新世界の安宿を引き払う時、寅と、芦屋雁之助演じる宿屋の息子とのあいだに恋愛問答がある。江戸っ子の寅が、「男ってものはな引き際が肝腎よ」と強がるのに対し、浪花っ子のほうは「格好ばかりつけてたら女子《おなご》はんはものにならんで。ちょっとぐらい格好悪うてもアホやなあと言われても、とことん付きまとって、地獄の底まで追っかけて行くくらいの根性がなくてはあきまへん、この道は」と言い立てる。建前の東京に対し、本音の大阪。寅はあくまでも建前、見栄、格好を大事にしようとする。東京と大阪の対比が出ていて面白い。

二人が別れる場面は、新世界を通り抜けた恵美須《えびす》町の交差点。通天閣が向うに見える。寅は地下鉄堺筋線の恵美須町駅の階段を下りてゆく。このあたりの庶民的な商店街の様子も、撮影当時とさほど変っていない。

寅さん版「キッド」

「男はつらいよ」にはもう一本、大阪が出てくる作品がある。第三十九作「寅次郎物語」(87年、秋吉久美子主演)。寅は、自分を頼って東京に出て来た小学生の男の子が、母親(五月みどり)を探していると知り、一緒に母親のいるという和歌山まで旅することになる。チャップリンの「キッド」の寅さん版。

東京から和歌山に行くには大阪を経由する。ところが、寅が小さな子供を連れているので天王寺駅の交番の警官(イッセー尾形)に誘拐犯と疑われる。

警官がとらやに電話してなんとか疑いは晴れるが、もう夜、遅い。大阪に一泊することになる。寅は警官に、どこか安い旅館を紹介してくれと頼む。安ければ、どこでもいいが、ひとつだけ注文がある。これが面白い。「女中さん」がパートで夜、早く帰りたがるところはお断りだと言う。寅が旅慣れていることがよく分かる。実際、旅館に泊って夕食が終るや、パートのおばさんが布団を敷きにくることほど気分が壊れることはない。

警官の紹介で寅は子供と安宿に泊る。案の定、やって来た仲居（正司敏江）は、パートで、痰が切れないとかいってゲホゲホしながら「わたしパートやから早う帰らしてもらいます」。寅はそれを聞いてがっくり。「男はつらいよ」をロードムービーとして見た時の最高のギャグ。

寅と違って、東京生れではない山田洋次監督は大阪に違和感はないのだろう。「男はつらいよ」シリーズが終ったあとに作られた「おとうと」（10年）では、東京で薬局を営む吉永小百合の、面倒ばかり起こす弟、笑福亭鶴瓶を大阪の人間にしている。

最後、この弟は釜ヶ崎のドヤ街のホスピスで死んでゆく。この映画が、賢い姉と愚かな弟という「男はつらいよ」の、賢い妹と愚かな兄のヴァリエーションになっていることを思うと、弟の最期は、つい寅が思い出されて胸が痛む。

12　寅が祈った五島列島

小さな城と書いて「おぎ」と読む。

小城市。佐賀市の西に位置する。小城藩という七万三千石の小藩だが、城はない。人口五万人弱。今回はじめて訪れたが、静かないい町だった。

町の入り口に鉄道の駅がある。唐津線（久保田―西唐津）の小城駅。明治三十六年の開設。当時は、石炭を唐津港へ運んでいた。

駅前にまっすぐ北にのびる商店街がある。高い建物はない。空が広い。酒蔵があり、レンガの煙突が青空に映える。

羊羹屋が多い。二十軒ほどあるという。老舗の羊羹屋が昭和初期のモダンな建物を羊羹資料館にしている。

市内には寺社をはじめ文化財が多く、町は「屋根のない博物館」を謳っている。

「男はつらいよ」の第四十二作「ぼくの伯父さん」（89年）はこの町でロケされている。

寅の甥の満男（吉岡秀隆）は大学受験に失敗し、目下、浪人中。勉強に専念しなければならないのに、高校のブラスバンド部の後輩、美しい泉（後藤久美子）のことが忘れられず、勉強に身が入らない。

ついにオートバイに乗って、名古屋に転校した泉に会いに行く。泉の両親は離婚したようだ。名古屋に着くと、泉はいない。母親（夏木マリ）によると、いまは佐賀県の叔母（檀ふみ）の家にいるという。水商売をしている母親と暮すのが嫌になったらしい。

それを聞いた満男は、すぐにまたオートバイに乗り、佐賀県に向かう。

「男はつらいよ」シリーズは、長く続くうちに寅が次第に年齢《とし》を取ってゆく。こればかりは仕方がない。いつまでも恋ばかりもしていられない。そこで恋愛の主役は、思春期に入った満男に代わり、寅は満男の恋の指南役にまわる。

満男の恋の相手役に起用されたのが後藤久美子。「ぼくの伯父さん」で初登場。以後、「寅次郎の休日」（90年、夏木マリ主演）、「寅次郎の告白」（91年、吉田日出子主演）、「寅次郎の青春」（92年、風吹ジュン主演）、「寅次郎　紅の花」（95年、浅丘ルリ子主演）と続く。

後藤久美子演じる泉が住んでいるのが小城。

今回の旅もKさんが運転役として同行してくれる。小城のあと、平戸を経由して五島列島に渡る予定。島では、車がないと動けない。

前夜、熊本県を中心に大きな地震があった（二〇一六年四月十四日の熊本地震）。どうするか迷ったが、佐賀県、長崎県は被害は少ないようなので、予定どおり、旅に出た。朝の飛行機で福岡まで行き、空港でレンタカーを借り、昼過ぎには小城に着いた。

佐賀県の小京都だが、観光地の派手さはない。目立つ看板は少ないし、大手のチェーン店もない。新緑の美しい季節で、家の庭には緑があふれている。

小城駅から町歩きを始める。映画のなかでは、寅が駅の赤い公衆電話から柴又に電話する。駅舎が映るが、木造。その後、改修され現在は新しくなっているが、それでも原型を大事にし、木造で瓦屋根を残している。回廊が付いているのがしゃれている。電話をかける寅のうしろに羊羹の売店が見えるが、この店はいまも健在。「羊羹の町」ならでは。

小城にはなぜこんなに羊羹の店が多いのか。

理由はいろいろ言われている。城下町で茶の文化が発達していた。長崎街道を通して長崎から菓子の文化が入ってきた。ちなみに長崎街道はいまシュガーロードというそうだ。

羊羹は保存食。そのため軍に買上げられたことも大きい。小城は、海軍の佐世保、陸軍の久留米の中間に位置する。

さまざまな理由で羊羹作りが盛んになった。以前は小城駅で駅弁ならぬ駅羊羹が売られていたという。

仏壇に手を合わせた渥美清

小城の町並みがきれいな一因に商店の看板の字や、暖簾の字、寺社の扁額の字がみごとなことがある。

小城生まれの書家、中林梧竹《ごちく》（一八二七―一九一三）の字だという。町では梧竹を「書聖」と敬し、図書館や歴史資料館に併設して、中林梧竹記念館が作られている。

小城駅の額の字も梧竹だった。城下町の文化の厚みを感じさせる。

商店街を左に折れてしばらく歩くと、新緑の美しい小城公園があり、その先に、後藤久美子演じる泉が転校してきた小城高校がある。校門や校舎の様子は、撮影当時とさほど変わっていない。校庭の大きな楠が、緑蔭を作っている。

寅は町を去る時、学校を訪れ、泉に会い、突然やってきた満男が迷惑をかけたことを詫びる。伯父さんとしての義務を果している。

寅は小城の町が気に入ったのだろう、正月にまた小城を訪れ、仲間のポンシュウ（関敬六）と神社で商売をする。

その神社が商店街の突当りの山にある須賀神社。急な石段が上まで通じている。登ってみたが七十歳を過ぎた人間には、百五十三段もある石段を登るのは、かなり大変だった。

だからだろう、映画のなかで、寅が占いをするのに対し、ポンシュウは「レンタル杖」を始め、大いに客を集める。

泉が暮す叔母の家は、市街地から少しはずれた川べりにある。車でそこに行ってみる。

嘉瀬川という大きな川が流れている。オートバイに乗った満男はこの川のところで、熱気球がたくさんあげられているのを見る。嘉瀬川の河原は「佐賀インターナショナルバルーンフェスタ」の会場になっている。毎年十月下旬から十一月上旬に行なわれている。

草土手の下に、ひなびた無住の神社がある。映画のなかでは、この神社で満男と泉が会う。名所でもなんでもないところを大事にする。「男はつらいよ」の良さ。神社の近くに、酒蔵がある。千代雀酒造とあるが、近年、廃業したようだ。瓦屋根の向うに煙突が一本、取り残されたように立っている。庭に猫が一匹いて、人なつこく、寄って来る。

家の人に聞くと、「男はつらいよ」の撮影に使われた家は隣りだという。きれいな水の流れる側溝に沿ってまわってみると、映画のなかと同じ、生垣のある古い家があった。石の門柱も同じ。映画が作られてから三十年近くなるのに、変らない風景が残っている。ほっとする。

訪いを入れると、品のいい老婦人が現われた。見知らぬ人間の突然の訪問に、不審気だったが、「男はつらいよ」の旅でいつも思うのは、ロケ地の人は、こちらがロケ地めぐりをしていると知ると、たちまち表情を崩して迎えてくれること。実に有難い。

「『男はつらいよ』の……」と言ったとたん、笑顔になる。

八十八歳になる老婦人、古川元子さんによれば、家は代々、庄屋だったという。

「渥美清さんは、家のなかに入られると、まず仏壇に手を合わせられたんですよ。丁寧な方だなあと思いました」

映画のなかでも、旧家として描かれる。寅は、老主人（今福将雄）に、お愛想で歴史好きと言った手前、神妙に主人の話を聞き、大いに気に入られる。

この場面も、古川家のなかで撮影されたという。部屋を見せてもらったが、床の間にはここでも中林梧竹の書の掛軸が飾られていた。

「ぼくの伯父さん」では、寅は、檀ふみ演じる泉の叔母に親切にされ、心惹かれるが、これまでのような恋愛には発展しない。さすがに自分はもういい年齢であることを自覚しているのだろう。「男はつらいよ」ファンのあいだではよく知られる名セリフがある。浪人の身で、東京から佐賀までやって来た満男を、泉の叔父（尾藤イサオ）が冷ややかにとがめる。高校の先生をしているためか、言葉がきつい説教になる。その叔父に寅が、ささやかに反論する。

「私は甥の満男は間違ったことをしていないと思います。慣れない土地へ来て、寂しい思いをしているお嬢さんを慰めようと、両親にも内緒ではるばるオートバイでやってきた満男を、私はむしろよくやったと褒めてやりたいと思います」

伯父さんとして、可愛い甥をかばっている。これまで数々の恋をしてきた身としては、満男の気持が分かるのだろう。

ただ、厳しく言えば、満男の行動には甘えがあったことは否めない。泉の叔父が怒るのも無理はない。それが分かっているから寅は小城高校に行き、泉に会って詫びたのだろう。このあたり、寅は立派である。

恋の指南役

小城からKさんの運転する車で平戸に向かう。はじめ、第十四作「寅次郎子守唄」（74年、十朱幸代主演）で寅が行きずりの男、月亭八方から赤ん坊を押しつけられてしまう佐賀県の呼子《よぶこ》にも立寄るつもりだったが、小城が想像以上にいい町で、ゆっくりしてしまったので、呼子に行く余裕はなくなってしまった。

平戸は第二十作「寅次郎頑張れ!」(77年、藤村志保主演)の舞台。

とらやに下宿した電気工の青年(中村雅俊)が、近所の食堂で働く娘(大竹しのぶ)に恋をする。ところが、行き違いから振られたと思い込んだ青年は、思いあまって自殺を企てる。幸い未遂で終ったが、もう東京にいる気はなく、故郷の長崎県の平戸に帰ってしまう。心配した寅が平戸に行くことになる。

そこで寅は、土産物屋を開いている青年の姉(藤村志保)に一目惚れしてしまう。ただ、この恋は案外あっさりしていて寅は早々と身を引く。むしろ寅は、青年と食堂の娘との恋に力を貸す。

この映画には愉快なギャグがある。

青年と食堂の娘との婚約を祝う会がとらやで開かれる。にぎやかな宴会になる。食堂の主人が歌を披露する。おいちゃん(下條正巳)もタコ社長(太宰久雄)も民謡か何かだろうと、手を叩き始める。

ところが、食堂の主人が歌い始めたのは、なんとシューベルトの「菩提樹」。みごとな低音で〽泉に添いて茂る……と歌い始めると、手を叩いていた一同、しゅんとしてしまう。

笑わせる。この食堂の主人を演じているのは俳優ではなく、築地文夫というバスバリトン歌手だと、以前、山田監督に教えられた。どうりでみごとな筈だ。歌を聴いたタコ社長が感服して「まるでステレオみたいだ」と言うのも可笑しい。

平戸は平戸島という島にある。「寅次郎頑張れ！」では、寅はポンポン蒸気の渡し船に乗って島に渡る。

桟橋付近は現在、整備されているが、小さな商店が並ぶ海岸通りは撮影当時とさほど変わっていない。

平戸の旧藩主、松浦家の私邸を利用した松浦史料博物館の石段下に、藤村志保演じる藤子が開いている土産物屋がある。港から百メートルほど奥に入ったところ。「おたち」という実際の土産物屋が撮影に使われた。「おたち」は藩主の「お館《やかた》」の意。

店は健在で、入り口には「フーテンの寅さん　ロケの店」と張紙があり、渥美清、藤村志保、中村雅俊らが写っているロケのスナップがにぎやかに張ってある。公開から四十年近くなるのに、いまだに「男はつらいよ」のファンが訪れるという。こちらもその一人。

寅は、藤子に惚れてしまい、店の手伝いをする。普段はぐうたらな寅が、毎朝、六時には起きて市場に行く。美女のためなら早起きも厭わない。

平戸の町は、江戸時代はじめ、ヨーロッパ諸国との貿易で栄えた。和洋の文化が混在している。教会と寺が重なり合う。函館や神戸、長崎と似ているが、町の規模は少し小さい。

英国商館通り、平戸ザビエル記念教会、石造りの幸橋など撮影当時のまま。寅は、はじめ港に着いた時は「こんな寂しいところ」と言っていたのに、美女がいれば話は別。

藤子とザビエル記念教会（ザビエルが平戸に来たのを記念して昭和六年に建てられた）に行っ

たり、石畳の坂道を歩いたり、すっかり町が気に入ってしまう。

朝早く、市場での仕入れのあと、海岸通りを自転車で走る時など、気分よく、往年のヒット曲、岡晴夫の「憧れのハワイ航路」を歌う。寅の気持のどこかに、藤子と一緒になってこの島で暮したいという思いが生まれたかもしれない。しかし、無論、藤子のほうにその気持はない。

この映画、それまでと違ういいところがひとつある。中村雅俊演じる青年が、寅の恋心を知り、姉に「はじめから寅さんと結婚する気がないのなら、寅さんに店の仕事を手伝わせるのは悪い」と諫めること。寅のつらい気持を理解しているし、藤子が寅の気持に気づかないふりをしているのはずるいと姉を責める。

そもそも身の程知らずに美人に恋をしてしまう寅が悪いのだが、美人のほうにも責任があると難じる。第一作「男はつらいよ」（69年）で、題経寺のお嬢さん（光本幸子）に手ひどく振られた寅をかばって、おばちゃん（三崎千恵子）が「お嬢さんだって悪いよ」と言った気持と似ている。とかく美人は罪つくり。

結局、寅は、自分が迷惑をかけたと潔くあきらめて、また旅に出てゆく。

本土最西端の駅

この日は佐世保に泊ることになっている。車で平戸から佐世保に出ればいいのだが、このあたりには松浦鉄道という有田—佐世保間の第三セクターの鉄道が走っている。せっかくここまで来たのだからこれに乗りたい。Kさんとは佐世保で落合うことにして、たびら平戸口駅から一両だ

夕闇せまる本土最西端の駅、たびら平戸口駅

けの松浦鉄道に乗り込む。

この駅（以前は、平戸口駅）は、本土最西端の駅として知られる。ここに来るのははじめて。これで日本最東端の東根室駅（根室本線）、最北端の稚内駅（宗谷本線）、JR最南端の西大山駅（指宿枕崎線）と、東西南北すべての端の駅に行ったことになる。

佐世保ではビジネスホテルに泊ったのだが、夜中に建物が大きく揺れ、目が覚めた。あとでこれが今回の地震のなかでいちばん大きい本震と知った。

朝、津波のことが心配だが、フェリーは欠航していないので、佐世保港からフェリーに乗り込み、五島列島のひとつ中通島《なかどおりじま》（通称、上五島）に向かう。

この島は、第三十五作「寅次郎恋愛塾」（85年）のロケ地。寅とポンシュウが島に商売に出かけ、道でころんだお婆さん（初井言榮）を助けたことから、東京に出て働いている孫娘（樋口可南子）と知り合う。六月の島でロケされている。

フェリーは二時間半ほどで中通島の有川港に着く。島は地震の被害はなかったようだ。港のところに、昭和三十年代から四十年代にかけて活躍した横綱の佐田の山の像がある。００７シリーズの「００７は二度死ぬ」（67年）に出演したことでも知られる佐田の山は有川の出身だった。小さな町では英雄だったことだろう。

そういえば、平戸の土産物屋「おたち」のすぐ近くには、藤浦洸《こう》の歌碑が建てられていた。「別れのブルース」「悲しき口笛」の作詞家。こういうことは、実際にその地に行ってみないと分からない。

有川の町は比較的大きい。以前、やはり「男はつらいよ」のロケめぐりで来たことがある。その時は、なかなかいいホテルが見つからなかった。ようやく見つけたホテルはフロントに人がいなくて、経営者という人の家に電話を入れると、おかみさんが「鍵持って、適当に部屋に入って」と、ひどくのんびりとしていた。

あれから十年以上たっている。町には新しいホテルも出来ている。町並みもきれい。ここでレンタカーを借り、島をまわる。

寅とポンシュウが、初井言榮演じる一人暮しのお婆さんを助ける場面が撮影されたのは島の東にある太田漁港。漁港というより、小さな船溜りのようなところ。よくこんなところまで来て撮影した。よほどの旅好きでないと出来ることではない。改めて「男はつらいよ」はロードムービーなのだと思う。

小さな漁港の様子は撮影当時と変わっていない。

映画のなかに映っている「山下商店」は少し場所を移動して、いまも健在。母親の頃からここで雑貨屋を営んでいるというおかみさんに話を聞くと、町の様子は撮影当時とほとんど変わっていないが、ご多分に洩れず人は減っているという。このあたりでは、左官の仕事で大阪に出る者が多いそうだ。

「男はつらいよ」のあと、テレビドラマのロケもあり、原田美枝子や丹波哲郎らがやってきたと言う。おかみさんの口から俳優名がすらすら出てくるのに驚く。ロケは漁師町の人にとって大事件だったのだろう。

「寅次郎恋愛塾」のお婆さん役の初井言榮の名前まできちんと覚えている。

寅とポンシュウは、その晩、助けたお婆さんの家に泊ることになる。焼酎のもてなしを受ける。ポンシュウは「こう見えても、板前の修業をしていたことがあるんだ」と言って包丁を手にタコをさばく。一人暮しのお婆さんにとって久しぶりににぎやかな宴になる。その晩、お婆さんは急死してしまうのだから、二人はいい功徳をしたことになる。

五島列島はカトリックの教会群があることで知られる。その数、約五十。世界遺産に登録されてもおかしくない。江戸時代の隠れキリシタンが、明治になって信仰の自由を得て自分たちの手で次々に教会を建てていった。

「寅次郎恋愛塾」で、急死したお婆さんの葬儀が行なわれるのは、中通島の北にある青砂ヶ浦《あおさがうら》天主堂。リアス式の入江のような奈摩《なま》湾を見下す丘の上に建っている。鉄川与助という長崎県下に多くの教会を作った明治の建築家の手になる。明治四十三年の竣工。

赤いレンガが新緑のなかに映える。入り口や窓は白い縁取りが付いている。童話の世界の建物のよう。

映画のなかでは、ここで葬儀が行なわれる様子がとらえられる。コウモリ傘のような天井、ステンドグラス、信者たちの白いヴェール。寅はすっかり敬虔な気持になり、自分のようなやくざ者がいるのは畏れ多いと、途中で教会を出る。身の程を知っている。

われわれはと言えば、天気はいいし、海の眺めはいい。教会の入り口の石段に座って、昼の弁当を開く。有川のスーパーで買っておいたばら売りの寿司。Kさんは旅先でスーパーを見つけると、必ず入ってみて何かしら仕入れてくる。スーパー好き。

この寿司は、とびきりうまかった。ネタが新鮮なのだろう。教会で昼食とは不謹慎かもしれないが、寅さんの取材なので許してもらおう。

「悪人」の灯台

夕方、島の南の奈良尾港に行き、そこでレンタカーを返し、その先の福江島へ行くフェリーに乗り込む。船内のテレビでは、熊本の地震による被害を伝えている。

一時間ほどで福江島の中心、福江に着く。幸いここも地震の影響はなかったようだ。福江島は

ロケ地でもあった美しい教会の前で弁当を使わせてもらった

第六作「純情篇」（71年、若尾文子主演）の撮影が行なわれている。六作目にして早くも離島が登場し、ロードムービーの色合いが強くなる。

寅は長崎の船着場で、赤ん坊を背負った絹代という女性（宮本信子）に出会う。実家のある福江島に渡るという。最終便が出航してしまった。宿に泊らなければならないが、絹代には宿代がない。寅に金を借り、商人宿に一緒に泊ることになる。

ここで鉄道好きには、見逃せない場面がある。話をしている寅のうしろを、貨物列車が海の上を走るように通り過ぎてゆく。

かつて長崎駅からさらに南の長崎港《みなと》駅まで通じていた線路で、戦後は貨物線となっていた。寅のうしろを走る貨物列車はこの鉄道のもの。一九八二年に廃線になっているから、いまでは貴重な映像になっている。

現在、港近くに往時の動輪が保存されている。

「男はつらいよ」は、こういう今では消えた鉄道を映像のなかに思いがけず動態保存しているのも有難い。

寅と絹代は、商人宿で一泊したあと、船で福江島の南西にある玉之浦という漁師町に行く。絹代の実家がある。母親はもういない。父親が一人、小さな旅館を営んでいる。

われわれは、福江のビジネスホテルで一泊したあと、レンタカーを借り、Kさんの運転で玉之浦に向かう。

昨夜降った強い雨は上がっている。雨に洗われた新緑が美しい。あちこちに水田があり、田植えが始まっている。この島は、五島牛の産地で、「純情篇」では、寅が福江港に着いた時、牛がロープで吊り上げられ、船に積み込まれる様子がとらえられている。この島はまた椿の咲く島。名物の五島うどんには、椿油が入っている。

島の海岸線はリアス式になっているところが多い。険峻な崖もある。吉田修一原作、李相日監督の「悪人」(10年)の、最後、殺人を犯した妻夫木聡と恋人の深津絵里が警察に追われて逃げ込む灯台は、この島の西端にある大瀬崎灯台で撮影されている。そこに行ってみた。灯台は、荒海に面した断崖絶壁に立つ。よくぞこんなところで撮影をしたと驚く。さすがに近くまで行く勇気はなく、山の丘から眺めるにとどめた。

玉之浦はリアス式の海岸の奥にある。良港だからだろう。戦前は、各地から漁の船団が来てにぎわったという。捕鯨船の基地にもなった。

現在は、もう使命を終えたかのようにひっそりとしている。廃屋もある。小さな港に面して、玉之浦教会があり、それに並ぶように木造二階の中村旅館がある。

「純情篇」で、宮本信子演じる絹代が戻る実家は、この旅館がそのまま使われた。絹代を送り届けた寅は、絹代の父親、森繁久彌を相手に一杯やろうとするが、船が出る汽笛の音を聞いて、急に里心がつき、船に乗ろうとあわただしく旅館を出てゆく。

中村旅館はもう商売をやめているが、ここでも「『男はつらいよ』の……」と言っただけで、親切なおかみさん、北川節子さんがなかを案内してくれる。

撮影中、渥美清と宮本信子が休憩に使ったという部屋には、二人の色紙が額に入れて飾られていた。小さな漁師町でも「男はつらいよ」の記憶が大事にされている。

実際、「男はつらいよ」のロケ地にならなかったら、いくら旅好きの人間でも、中通島の太田漁港や、福江島の玉之浦のような小さな漁師町に行くことはないだろう。風来坊の寅は「歌枕」の旅人ということになる。

帰り、福江島から船で長崎に渡り、長崎から飛行機で無事に東京に戻った。長崎で乗った五十代と思われるタクシーの運転手は二日前の本震に遭い、「あんな揺れは生まれてはじめてだった」と言っていた。

13　伊根の恋

いつも女性に振られてばかりいる寅だが、たまに女性に惚れられることもある。

第十作「寅次郎夢枕」（72年）では、寅の幼なじみで、夫と離婚し柴又で美容院を開いている八千草薫が、明らかに寅と結婚してもいいと思った。それを寅は笑い話にしてしまう。第二十七作「浪花の恋の寅次郎」（81年）の大阪の芸者、松坂慶子も、第二十八作「寅次郎紙風船」（81年）のテキヤ仲間の女房、音無美紀子も寅に好意を持っていた。ところが、いざというところで寅は身を引いてしまい、自分が振られたかのように去ってゆく。

これは、恋愛とは違うが、第六作「純情篇」（71年、若尾文子主演）では寅は長崎の宿で、宿代がないという女性（宮本信子）と同宿する。彼女が宿代の代りに、身体を与えようとすると、寅は、とんでもないことだと怒る。自分には、同じくらいの年齢の妹がいる。その妹が、旅先で同じようなことをしたら、「オレはその男を殺すよ」。この強い言葉は驚くに足る。

寅は、女性に対してストイックなのである。

それが決定的だったのが、第二十九作「寅次郎あじさいの恋」（82年）。いしだあゆみ演じる未亡人を好きになり、相手もその気になったところで、ひるんでしまう。最後の一線を超えることをせずに、別れてしまう。

惚れられているのに、手を出さない。自分はやくざな男だから、かたぎの女性には触れないという寅なりのけじめがあるのだろう。

付合う女性は玄人《くろうと》だけ。決して素人《しろうと》には手を出さない。あれだけ女性に溺れた永井荷風が「女好きなれど処女を犯したることなくまた道ならぬ恋をなしたる事なし。五十年の生涯を顧《かえり》みて夢見のわるい事一つも為したることなし」(『断腸亭日乗』昭和三年十二月三十一日)と書いたことを思い出させる。

素人の女性には手を出さない。やくざな寅なりのモラルである。

「寅次郎あじさいの恋」では寅は、京都の町で商売をする。ちょうど葵祭の頃。ひと仕事を終えて鴨川べりで休んでいた時、下駄の鼻緒が切れて難儀している老人(十三代目片岡仁左衛門)の鼻緒をすげかえてやったことから、親しくなる。

家族に邪魔にされている孤老かと思いきや、この老人は高名な陶芸家だった。このあたりの展開は、第十七作「寅次郎夕焼け小焼け」(76年、太地喜和子主演)で、居酒屋にいた老人(宇野重吉)が無銭飲食をとがめられたのを助けたら、あとで日本画の大家と知って驚いたのと同じ。

陶芸家の家で厄介になり、そこで仲居として働くかがりという女性、いしだあゆみと知り合う。未亡人で、小さい娘を故郷に置いて京都に働きに出ているという。どこか儚げで薄幸そう。寅はこういう女性に弱い。

第三作「フーテンの寅」（70年）の新珠三千代、第八作「寅次郎恋歌」（71年）の池内淳子、第十九作「寅次郎と殿様」（77年）の真野響子、第二十四作「寅次郎春の夢」（79年）の香川京子。いずれも未亡人である。

ちなみに、未亡人は日本映画の典型的なヒロインで、小津安二郎監督「東京物語」（53年）の原節子、木下惠介監督「二十四の瞳」（54年）と「遠い雲」（55年）の高峰秀子、成瀬巳喜男監督「おかあさん」（52年）の田中絹代、同「乱れる」（64年）の高峰秀子……いずれも未亡人である。

寅は、かがりという未亡人に心惹かれる。しかし、彼女は、好きだった陶芸家の弟子（津嘉山正種）が他の女性と結婚することに傷つき、故郷に帰ってしまう。

その故郷が丹後の伊根《いね》。海の上にせり出た舟屋が並ぶ漁師町として知られる。この町が全国的に広く知られるようになったのは「男はつらいよ」のロケ地になったからではないか。

「男はつらいよ」で寅が旅している町は、これまでにすでに行っているところが多いのだが、伊根だけははじめて。それだけに、五月のなかば、伊根に向かった時は、少しく心が躍った。予定では伊根のあと、第十三作「寅次郎恋やつれ」（74年、吉永小百合主演）のロケ地になった島根県の温泉津《ゆのつ》と津和野にまわる。山陰本線をはじめ鉄道で行けるので今回は一人旅になる。

「舟屋」のある漁師町

伊根には鉄道は通じていない。

「寅次郎あじさいの恋」では、寅は間違えて山陰本線の豊岡（兵庫県）まで行ってしまったので、

伊根湾に建ち並ぶ舟屋群

そこから丹後半島をバスでぐるっと回って伊根に行くことになるが、通常は東京からだと、京都丹後鉄道の天橋立駅で降り、そこからバスで行く。天橋立駅までは京都駅から山陰本線経由の特急が出ている。京都から約二時間。

バスは日本三景のひとつ天橋立を右に見ながら走る。ショッピングセンターやリゾートマンションのある町を抜けると風景は一気に田舎に変わる。一時間ほどで伊根に着く。

期待以上に素晴しいところだった。

若狭湾の内海に面した漁師町。半島の屈曲したところに位置しているので港は南に向いている。そのためか明るい。

近海漁業が盛ん。とくにブリの好漁場という。木造瓦屋根の家が湾を囲むように並んでいる。家の前には手入れのいい植木鉢が置かれ、縁側には猫が寝ている。行き合う子供たちは「こんにちは」と声を掛けてくる。

「寅次郎あじさいの恋」が作られてから三十年以上になるが、町並みの基本はほとんど変わっていないのではないか。

寅がバスから降り立つ平田のバス停、その前のたばこ店は、いまでも映画のなかとほとんど変わっていない。寅が歩く地蔵のある坂道（七面山）も昔のまま。

伊根は、舟屋で知られ観光客も訪れるが、大きな建物はないし、派手な看板もない。漁師町としての暮しが基本にある。いしだあゆみ演じるかがりが働く漁港の水揚げ場はいまも健在だし、湾には漁船がいくつも浮かぶ。

舟屋は海にせり出した木造二階建て。将棋の駒の形をしている。山が海に迫り平地が少ない土地のために考えられた構造だろう。一階が車のガレージのように舟の置き場所になっている。舟を家からそのまま海に出すことが出来る。二階が住居になる。

現在、舟屋は二百三十軒ほど残っている。海の上に家が浮かんでいるように見える。まさに水際立つ風景。

まだいまほど景観の重要さが語られていなかった時代（景観法が施行されたのは二〇〇五年）に、「男はつらいよ」は毎回、よく日本の美しい町をロケ地に選んできたと思う。

これについては風景学の第一人者、中村良夫氏が『都市をつくる風景 「場所」と「身体」をつなぐもの』（藤原書店、二〇一〇年）で書いている。

中村氏は、日本各地を旅し、「まだ知られていない町、仲間に自慢できる町」を見つけようとしている。ところがどこに行っても「先回りして足跡をのこしている男」がいる。建築家でも、古建築の調査官でもない。中村氏を驚かせる、その町の目利きは、「ほかならぬあの柴又の寅さんです」。

「鳥取の倉吉でも、愛媛の大洲でも先を越されました。備中の高梁《たかはし》では一瞬の差で、私は発見の栄誉を逃がしてしまった。どうも、かぶとを脱ぐしかありません」

寅は旅の名人、知られていなかった日本の古い美しい町の発見者と言える。

「寅次郎あじさいの恋」で伊根が広く知られるようになったためだろう、ここは、のちにNHKの朝の連続ドラマ「ええにょぼ」(93年)や「釣りバカ日誌5」(92年)のロケ地にもなっている。

「度胸のない方《かた》」か

いしだあゆみ演じるヒロインのかがりは若狭の生まれだが、幼い頃に両親と別れ、伊根の漁師の養女になった。五年前に夫と死別。子供を伊根の母親(杉山とく子)に預け、京都の陶芸家のところに働きに出ていた。

故郷に戻ったかがりを寅が訪ねて来る。「宮津まで来たから」と言っているが、彼女に会いたかったのは言うまでもない。

伊根の町の観光協会を訪ねると、町の寅さんファンが作った「寅さんロケ地MAP」があった。助かる。この地図によると、かがりの家は、別地区にある二つの舟屋で撮影し、それを映画のなかで一つに見せたそうだ。

二つの舟屋は現在も健在だった。

はじめ寅が、かがりの家を訪ねると（家の横に海が見える）、母親が機《はた》を織っている。丹後半島の名産、ちりめんだろう。伊根では昭和三十年代に入って始められたという。

はじめ、とらやでは寅が伊根から帰ってきて「たんご」とうわごとを言った時、皆んな「たんご」を「タンゴ」と間違えたりするが、ようやく、さくら（倍賞千恵子）が「丹後ちりめんの丹後か」と気づく。「丹後」と言えば「ちりめん」だったことが分かる。

はるばる伊根まで訪ねてくれた寅をかがりは優しく迎える。彼女としても、うれしくない筈はない。一緒に食事をする。酒を振舞う。ここでカメラは、子供を寝かしつけるかがりの脚を見せる。寅の視線になっている。見た寅自身が思わずどきっとする。

逃げるように、舟屋の二階の寝間に行く。しばらくするとかがりが部屋に来る。大人の男と女。当然、一儀に及んでいいところだが、なんと寅は寝たふりをして、かがりを避けてしまう。夏目漱石『三四郎』の女の言葉ではないが、「あなたは余っ程度胸のない方《かた》ですね」。

翌朝、伊根を去ってゆく寅を、かがりはどこかつまらなそうに見送る。「度胸のない方ですね」と言いたいのではあるまいか。別れの場面は、当時、伊根と宮津を結んでいた定期航路の桟橋。これは現在ではなくなっている。

伊根の民宿は、前述したように舟屋を改築したところが多く、宿泊人数が限られている。お目当ての宿には泊ることが出来なかったので、バスで天橋立に戻り、ビジネスホテルに泊った。

翌日、京都丹後鉄道宮豊線（宮津と豊岡を結ぶ路線。以前は、北近畿タンゴ鉄道宮津線の一部だったが、二〇一五年四月に改称）で豊岡に出て、山陰本線に乗り換え、第十三作「寅次郎恋やつれ」のロケ地、島根県の温泉津に向かう。

といってもこれが結構大変。豊岡から温泉津までの列車がないため、何度も乗り継がなければならない。こんな具合。

豊岡―城崎温泉―浜坂―鳥取―米子―温泉津。四回乗り換えなければならない。このうち城崎温泉では待ち時間が一時間以上ある。

大変といえば大変だが、鉄道の旅が好きな人間には苦にならない。とくに山陰本線は日本海、宍道湖と車窓の風景がいいので楽しい。

城崎温泉を過ぎるとすぐ、近年、新しくなった余部《あまるべ》の鉄橋を渡る。以前、鉄道名所のひとつだった赤い旧余部鉄橋が一部残されていて、鉄道ファンがそこを歩けるようになっている。

昭和三十九年の日活作品、蔵原惟繕監督、浅丘ルリ子、伊丹一三（のちの十三）、芦川いづみ出演の「執炎」はこの余部鉄橋のある町が舞台になっている。DVDになっていて、いまはなくなってしまったあの大きな鉄橋を見ることが出来る。鉄道好きには貴重な映像。

鳥取駅から米子駅に向かう途中に、由良《ゆら》駅という小さな駅がある（鳥取県北栄町）。木造の駅舎は、懐しい昭和の駅だが、駅には「名探偵コナン」の絵がある。この町が、「コナン」の作者である漫画家、青山剛昌の出身地のため。

そう言えば、鳥取市は谷口ジローの、境港市は水木しげるの出身地。山陰は人気漫画家を生んでいる。

温泉津の風情

列車を何度も乗り継いで温泉津駅に着いたのは夕方だった。温泉津の町はその名のとおり、温泉の出る津（港）。石見銀山の銀の積み出し港として栄えた。駅から歩いて十分ほどのところに千年以上も前に発見されたという温泉があり、二十軒ほどの湯宿が並ぶ。公衆浴場も二軒ある。湯治場の雰囲気がある。

この町には以前、二度来たことがある。無論、「男はつらいよ」のロケ地になったから。十年ぶりに来たが、駅は、夕方には無人駅になっていた。駅舎のなかにＪＡの事務所が入っている。以前はなかった。駅の再活用だろう。

第十三作「寅次郎恋やつれ」では、久しぶりに柴又に帰ってきた寅が、とらやの面々に「重大発表」をすると言う。どうも結婚することになったらしい。話がたちまち町じゅうに広まってしまうのは、昔ながらの共同体ならでは。

寅がさくらたちに話したところによると、寅は、いま温泉津の旅館で番頭をしている。寅としては珍しく真面目に働いているらしい。

寅は第二作「続　男はつらいよ」（69年、佐藤オリエ主演）では恩師、東野英治郎にかたぎになれと説教され、別府にいる友人に旅館の番頭にならないかと誘われていると答えている。また、第三作「フーテンの寅」（森﨑東監督）では三重県湯の山温泉の旅館の番頭になる。

人なつこい寅には番頭が合っているかもしれない。温泉津で番頭をしているうちに、絹代とい

温泉津温泉はいささか寂しくなっていた

う女性（高田敏江）と親しくなった。彼女の夫は蒸発してしまい、長く行方知れずだという。一人で、やきものの仕事をしながら子供を育てている。

温泉津はやきものの町としても知られる。山が海に迫り、急斜面が多いので登り窯が作られている。登り窯十段、十五段は日本最大級だという。水がめ、すり鉢など生活道具が焼かれる。

絹代はこの窯で働いている。夫が蒸発して半分未亡人。こうなると寅の心は動かざるを得ない。とらやの面々に、この女性と世帯を持ちたいとほのめかす。いささか得意顔。おいちゃん、おばちゃん（松村達雄、三崎千恵子）もとりあえずは喜ぶが、寅のこと。どこまで本当か。

そこで、さくらとタコ社長（太宰久雄）が寅と共に温泉津に行き、絹代という女性に会うことになる。

三人を乗せた山陰本線が日本海沿いを走る。

季節は初夏。石州瓦の赤い屋根がまぶしい。気動車だが四、五両はあり、車内は結構混んでいる。三人は、四人掛けの席に座る。

車内販売があるのも当時ならではだろうか。寅は、かに弁当を三つ買う。山陰はカニが名物。代金（三個で千二百円）を気前よく払おうとするが、財布にそんな金はない。やれやれという感じでタコ社長が払う。寅は、よくタコ社長と喧嘩するのに頼る時には頼る。

列車が温泉津駅に着く。島式ホームが一本。ホームにポイントの切換え器が設置されている（現在はない）。駅長が出迎える（現在はいない）。

三人はタクシーに乗る。車は商店街、温泉街を走る。さくらが「静かで、いいところね」と言う。「男はつらいよ」の舞台ならではの「昔《むか》し町」。この映画の撮影当時は、商店街も温泉街もにぎやか。現在では、過疎化が進んでいるのだろう、シャッター通り化している。

寅は、さくらとタコ社長を絹代の窯に案内する。温泉街の奥にある。

寅に会ったとたん、絹代が笑顔で言う。

「主人が、主人が、一昨日、帰ってきたとですよ」

このひとことで寅の結婚話はあっけなく終わり。予想されたことではあるが、さくらもタコ社長もわざわざ温泉津まで来たのだから少しは「もしかすると」と思ったかもしれない。翌朝、寅はさすがにばつが悪いのだろう、早く起きると、宿でまだ寝ているさくらに「おれはひと足先に旅に出る。遠くまで引っ張り出して悪かったな」と置き手紙をして一人、去ってゆく。

このあと、とてもいい場面がある。

さくらとタコ社長が東京に帰ることになる。温泉津駅のホームで山陰本線の上り列車を待つ。線路脇にはつつじが咲いている。初夏のさわやかな日ざしのなか、二人は列車を待つ。

この時、さくらが、ふとホームの向うにある学校の、新緑に包まれた校庭を見やる。中学生だろうか。ブラスバンドが演奏の練習をしている。さくらはそれをじっと見る。

兄の行く末を思っているのか、自分の学生時代を思い出しているのか。

セリフはないが、列車を待つあいだの小さな駅での小さな出来事が心に残る。ストーリーの展開上、重要な場面ではないが、旅情を感じさせる。

のちに、さくらの子供の満男（吉岡秀隆）が高校生になってブラスバンド部に入るのは、母親の思いを受け継いでいるのかもしれない。満男は、ブラスバンド部の後輩の泉（後藤久美子）を好きになる。

第四十四作「寅次郎の告白」（91年、吉田日出子主演）では、家出した泉が鳥取県の倉吉市を旅する。市内の打吹《うつぶき》公園の丘に立つ。近くの学校を見下すと、ブラスバンド部の学生たちが練習している。それを見る後藤久美子の姿は「寅次郎恋やつれ」の温泉津駅のホームに立つ倍賞千恵子の姿に重なる。

さくらがブラスバンド部の練習を見た学校は、町の小学校。十年前に来た時には健在で、運動会を見学したものだが、今度来たら廃校になってしまっていた。

駅前の商店街でも閉店、空家が目立った。温泉街のある旅館など、もう廃家のようだった。寂しくなる。

とはいえ、山陰は決してさびれる一方ではない。最近出版された大江正章『地域に希望あり――まち・人・仕事を創る』（岩波新書、二〇一五年）によれば、島根県では二〇〇九年と二〇一四年を比べると、四二％もの小学校区、公民館区で三十代の女性が増えているという。町起し、村起しの成果だろう。

この本には、温泉津に近い山間部の邑南《おおなん》町の「A級グルメの町」の取り組みが成功例として紹介されている。移り住む人も増えているという。背景には、3・11以降の若い世代の価値観の変化――、農山村志向がある。

都会の人間が、少し旅をしただけで「この町は過疎が進んでいる」と軽々に言うのは慎しまなければならない。

そう言えば最近読んだ熊谷達也の三陸の海辺の町（気仙沼がモデルと思われる）を舞台にした3・11後の人々の物語『希望の海　仙河《せんが》海叙景《うみじょけい》』（集英社、二〇一六年）に、町で暮す女性のこんな言葉があった。

「過疎という単語を、この街の誰もが忌《い》み嫌っている。そんな簡単な単語で片付けて欲しくない」「（この街にも）シャッター通りになりかけている古い商店街がないでもない。しかし、実際には、故郷に留まって頑張っている若者もいる」

校正の神様、神代種亮

温泉津の湯宿で一泊し、翌朝、津和野へと向かう。ここもやはり「寅次郎恋やつれ」の舞台に

藩校跡地には谷口吉郎設計の鷗外遺言碑が

なった。

温泉津駅から山陰本線で益田まで行き、そこから山口線に乗り換える。映画のなかでは結婚の夢があっけなく破れた寅は、益田の町でひと商売したあと、津和野に入った。

傷心の寅は、食堂でうどんを食べている時（「目がまわる」のでなると嫌いの寅は、うどんに入っているなるとをきちんと箸でのける）、偶然（またしても！）、吉永小百合演じる歌子に再会する。

歌子は、第九作「柴又慕情」（72年）で、寅が金沢で出会い、好きになった女性。純文学の作家（宮口精二）の娘。物語の最後で、岐阜県の多治見市で陶芸の仕事をしている青年（映画には登場せず）と結婚した。

その歌子が「寅次郎恋やつれ」で再登場する。なぜ津和野にいるのか。

歌子によると、夫を病気で亡くし、そのあと、夫の実家のある津和野で姑（小夜福子）と暮しており、町の図書館で働いているという。

またしても薄幸の美しい未亡人！　寅が気にしない筈がない。姑との暮しもうまくいっているようには見えない。寅は「困った時には、とらやを訪ねるように」と言い残す。親切心と恋心が交っている。

津和野は、七〇年代の「ディスカバー・ジャパン」の旅行ブームによって若い女性のあいだで人気が出た山陰の小京都。白壁の町並み、堀割を泳ぐ鯉で知られる。町の人間より鯉のほうが多い。鯉料理が好きなので昼食をとるために入った食堂で「鯉の洗いや鯉こくはないのか」と聞くと、店の人に「津和野の鯉は見るもので食べるものではありません」と怒られた。

津和野は森鷗外の故郷としても知られる。旧宅の隣りに記念館が作られている。鷗外ほど知名人ではないが「校正の神様」と謳われた書誌研究家、神代種亮《こうじろたねすけ》（帚葉《そうよう》、一八八三―一九三五）も津和野の人。人付合いを極端に限った永井荷風の数少ない友人で、荷風『濹東綺譚』の「作後贅言」には、「帚葉翁」が好ましい文人として書かれている。古書を始め、古いものを愛した。いつも白足袋に下駄をはいていた。「其《その》風采を一見しても直《ただち》に現代人でない事が知られる」。こういう文人を出した町は親しみが持てる。基本的に津和野も寅が好きな「昔し町」なのだろう。

駅前にある観光案内所で「『男はつらいよ』のロケ地を……」と頼むと、男性の職員が心得ているとばかりすぐに町の地図を広げると、赤鉛筆で、ここと、ここと、ここ、と印を付けてくれる。若い職員なのに、四十年以上前の映画のことをきちんと把握している。有難い。きっといまでも「男はつらいよ」のファンが津和野を訪れるのだろう。

そういえば伊根の観光協会の人も親切だったが、こんなことを言っていた。

「伊根は『ええにょぼ』や『釣りバカ』のロケ地にもなっているんですが、ロケ地めぐりで来る人は寅さんファンばかりですね」

白壁が続く殿町通りには鯉の泳ぐ堀割が流れている。森鷗外が学んだ藩校、養老館も武家屋敷の面影を残している。吉永小百合の歌子が働いていた図書館はここで撮影された。

真面目なヒロインの系譜

町なかを津和野川が流れ、堤は遊歩道になっている。その川がJRの山口線の線路にぶつかるあたりの川堤で、歌子は寅に、夫に死なれた話をする。

ここから見える堤の石垣や、津和野大橋（といってもそんなに大きな橋ではない）の様子は、映画のなかとさほど変っていない。

二人が座った堤の左手が津和野大橋、右手がJR山口線の鉄橋。川上から見ると、橋と鉄橋が重なり合って見える。

画家の安野光雅は津和野出身。駅前には安野光雅美術館が作られている。

一九九九年に発行された「萩・津和野」の八十円切手がある。好きな記念切手のひとつ。安野光雅がふたつの町の絵を描いている。津和野の風景は、まさに寅と歌子が座ったあたり。津和野川が真中を流れ、そこに津和野大橋と鉄道橋が架かっている。鉄道橋にはSLが走っている（山口線は、現在、定期的にSLを走らせている）。箱庭のような小さな、懐しい風景。ここが市民に愛されているところと分かる。

「寅次郎恋やつれ」はその場所を選んで撮影された。歌子は、夫のいない夫の実家での生活は息苦しかったのだろう、最後、町を出て、伊豆大島にある障害児の施設で働く決心をする。

この真面目なヒロインは、第十八作「寅次郎純情詩集」(76年、京マチ子主演)の、雪深い新潟県六日町の小学校で先生になる檀ふみ、第三十六作「柴又より愛をこめて」(85年)の、伊豆七島の式根島で小学校の先生をしている栗原小巻、第四十六作「寅次郎の縁談」(93年、松坂慶子主演)の、瀬戸内の離島で働く看護婦、城山美佳子らにつながってゆく。寅は自分がやくざな男と自覚しているだけに、田舎で真面目に働く女性たちに弱い。

「寅次郎恋やつれ」は、少し意外な終り方をする。最後、寅は伊豆大島に歌子を訪ねるかと思いきや、山陰あたりの海辺を歩く。そこで家族と海水浴を楽しんでいる温泉津の絹代と再会する。一度は世帯を持とうと思った相手。寅のなかでは、歌子より絹代の存在のほうが大きかったのだろう。それだけに、家族と一緒にいる幸せそうな絹代を見るのは、つらくもあっただろう。

14　「さくら」も旅する

中年男の寅が、まだ十代の少女に惚れてしまい、なんと結婚しようとする。しかも、その少女は、可愛いけれど、少し頭が弱い。

一九七一年に公開された第七作「奮闘篇」はシリーズのなかでも、飛び抜けて異色作。

旅先の沼津の駅前で、夜、ラーメン屋に入った寅は、そこで一人、ラーメンを食べている女の子に出会う。可愛い子で、寅に屈託なく笑顔を見せる。田舎から大きな工場に働きに出て来たらしい。まだ無垢な清潔さがある。

女の子が店を出て行ったあと、ラーメン屋の主人が「あの子、ここ（頭）がおかしいね」と寅に話す。「どこかの紡績工場から逃げ出して来たんだろう」「そのうち悪い男に騙されてバーやキャバレー、あげくの果てにはストリップか何かに売り飛ばされちゃうんじゃないかな」。

主人を演じているのは、柳家小さん師匠。落語好きの山田洋次監督のたっての依頼に応えての出演だろう。山田監督は一九六七年に小さんのために新作落語「真二つ」を書いている。

女の子の行く末を案じて、小さん演じるラーメン屋の主人が「可哀そうだな」と呟く。情がこもっている。それを聞いた寅が、心配になって、女の子のあとを追うのは言うまでもない。

花子というその女の子に親切にしたのがきっかけになり、花子はとらやで働くことになる。寅は、頭は弱いが純真な花子が心配でならない。同情が次第に愛情に変わる。

ただ、端から見れば、寅の思いは不自然に見えるのは否めない。年齢が離れ過ぎている。しかも、相手は普通の女性ではない。意地悪く言えば、中年男がなにも知らない女の子の弱味につけこんでいるとも受取られかねない。

周囲の心配をよそに、寅は花子を守りたい一心で、「花子、花子」と可愛がる。親切にしてくれる寅に、無邪気に喜んだ花子は「あたし、寅ちゃんの嫁っこになる」という。子供が「パパのお嫁さんになる」というようなものだが、寅はすっかりその気になってしまう。

さすがにおいちゃん（森川信）は「あの子は普通じゃない。寅も普通じゃない」と大反対する。さくらから話を聞いてとらやにやって来た御前様（笠智衆）も「本来ならおめでとうと言うところかもしれんのだが、どうもねえ」と苦い顔をする。さくら（倍賞千恵子）は、兄の気持を大事にしたいという思いと、世間の常識とのあいだで悩む。

結局、この騒ぎは、花子の故郷から、小学校時代の先生（田中邦衛）が教え子を迎えに来たことで結着がつく。寅の毎回の失恋とは少し違う形で終わる。寅は傷つくが、まわりはひと安心。

榊原るみ演じる花子という女の子は、津軽の出身。沼津駅前の交番で警官（犬塚弘）にどこの出身かと聞かれ、青森県の「あじがさわ町とどろき」と答えている。津軽西海岸、日本海に面した鰺ヶ沢《あじがさわ》の轟木《とどろき》（ちなみに現在、轟木は深浦町）。

この映画の冒頭、アヴァン・タイトルで寅は、只見線の越後広瀬駅（新潟県）から東京に出てゆく集団就職の少年や少女たちを見送るが、花子も、同じように中学を卒業して集団就職で東海地方の紡績工場に働きに出て来たのだろう。

そして、ラーメン屋の主人が想像したように、仕事についてゆくことが出来ずに工場を逃げ出したようだ。

「奮闘篇」は後半、花子の故郷、津軽の蠣木を見せる。こんな流れになる。

寅は、花子が故郷に戻ったあと、一人、傷心の旅に出る。ある日、さくらのもとに寅から速達の葉書が届く。下手な字で、「こんなバカなやつは生きていても仕方がない」「俺はもう用のない人間だ」と書かれている。まるで遺書のような思いつめた文面にさくらたちは驚く。ひょっとしたら自殺するつもりではないか。

手紙に住所はないが、西津軽局の消印がある。どうも花子に会いに行ったらしい。心配になったさくらが津軽へ寅を探す旅に出る。

彼女は五度、旅に出た

「男はつらいよ」シリーズのなかで、さくらは「奮闘篇」を始めとして、寅のために五度、旅をしている。

第十一作「寅次郎忘れな草」（73年、浅丘ルリ子主演）では、さくらは、北海道の牧場で働くことになったものの重労働に音をあげて倒れてしまった寅を見舞いに網走郊外の牧場に行く。

第十三作「寅次郎恋やつれ」（74年、吉永小百合主演）では、寅が勝手に結婚相手と思い込んだ女性（高田敏江）に会いに、タコ社長（太宰久雄）と共に島根県の温泉津《ゆのつ》に行く。

第十八作「寅次郎純情詩集」（76年、京マチ子主演）では、寅が信州の別所温泉で旅役者一座（吉田義夫、岡本茉利ら）に見栄を張って大盤振舞したあげく、無銭飲食で警察の御厄介になった時、身元引受人として別所温泉に出かけてゆく。

第二十一作「寅次郎わが道をゆく」（78年、木の実ナナ主演）では、熊本県、田《た》の原《はる》温泉での宿代が払えなくなった寅のために九州へ旅をする。

寅は困った時にさくらに頼る。さくらに甘える。そこから、寅は実は、腹違いの妹、さくらが好きなのではないかという説が生まれる。亡き評論家の草森紳一はそう指摘している。寅が、いろいろな女性に惚れても、結局は、振られてしまうのは、実は寅が、さくらのことを好きで、その女性のことは本気で惚れていないからではないか。

そして、さくらもひょっとしたら、この不甲斐ない、やくざな兄が好きなのではないか。だから、何度も兄の窮地を救いに旅に出るのではないか。まあ、この説は極論ではあるが、半分ほどの真実味はあるかもしれない。

さくらが寅のために旅に出るのは、この「奮闘篇」が最初。傷心の兄が思いつめて自殺するのではないかと心配したさくらは、柴又から津軽へと向かう。

東北新幹線のまだない頃。上野から弘前まで東北本線に乗る。夜行で十二時間以上かかる。弘前からは五能線に乗る。春先。

五能線は戸籍上は、奥羽本線の川部（青森県）と東能代（秋田県）間だが、実際には弘前や青森、秋田まで乗り入れている。五所川原（青森県）と能代（秋田県）を走るので五能線の名が付いた。日本海に沿って走る。

白神山地が世界遺産に登録されてから人気路線になったが、「奮闘篇」が作られた一九七〇年代のはじめ頃は、まだ全国的にはさほど知られていないローカル線だった。沿線は当時は「僻地」といっても大仰ではなかったろう。

さくらが乗る列車は気動車だが、当時はまだ蒸気機関車も走っていた。昭和六年生まれの地理学者、井口悦男氏は『古地図でたどる鉄道の知恵　線路の不思議』（草思社、二〇一〇年）のなかで、ＳＬ時代の五能線に何度も乗った思い出を書いている。

当時、五能線は客車と貨車の両方が走っていたという。「駅々での貨車付離しの間、海や街道沿いの家々のたたずまい、田畑に吹く風を受け、出発の汽笛が鳴るまでのひとときが何ともいえなかった」。

ローカル色豊か。旅慣れていないさくらが一人旅でよくぞこの五能線に乗った。よほど寅のことが心配だったのだろう。

弘前を出た気動車は、りんご畑のなかを走る。遠くに雪をかぶった岩木山が見える。車内で撮影されている。はじめ、通学の女学生たちで混んでいるため、さくらは立っている。日本海が見えてくる鰺ヶ沢あたりでようやく座れる。

五能線に乗って

五能線にはじめて乗ったのは一九八八年の冬。当時、JTB時代の月刊誌「旅」で「日本すみずみ紀行」という、観光地ではない日本の小さな町を旅する連載の仕事をしていた。正月休みが終ってすぐ、さくらとは逆に秋田県の能代から北に向かう五能線に乗った。

言うまでもなく「奮闘篇」を見て、五能線に乗りたくなったから。さらにもうひとつ。私などの世代にとっては、つげ義春の漫画「リアリズムの宿」(「漫画ストーリー」双葉社、一九七三年十一月号) の影響が大きい。

つげ義春自身を思わせる漫画家が、漫画の材料を求めて冬の五能線に乗る。「秋田県の能代と青森県の五所川原をむすぶ五能線の沿線の冬の景色は冷たい……」。

漫画家は寒さのなか海辺を歩き、日暮れに鰺ヶ沢に着く。商人宿に泊る。つげ義春は実際には五月に旅したようだが、作品のなかでは、冬にしている。そのほうが漁師町のうらさびしい詩情が出るからだろう。

つげ義春に倣って能代から五能線に乗った。冬の日本海は荒れていて、海岸沿いを走る列車に波しぶきがかかった。当時は、観光とはほとんど縁のないところで乗客は地元の人や行商のおばさんたちばかりだった。

「リアリズムの宿」の舞台になった鰺ヶ沢は思ったより大きな町で、商店も多かった。漫画に出て来るような商人宿は見当らなかったが、海岸に沿って漁師の家が並ぶ細長い通りは風情があった。戦時中、この町を歩いた太宰治が紀行文『津軽』(一九四四年) のなかで「それにしても、この町は長い」と書いたとおりの宿場町のような長い町並みが残っていた。

「奮闘篇」では花子の家は、五能線の驫木駅近くの集落にあるという設定。

さくらは向かいの席に座っている地元の女性に「驫木は鰺ヶ沢の前ですか、先ですか」と聞く。馬が三匹と書いて驫木《とどろき》。難読駅名として知られる。日本海の波音があまりに大きいので驚いた馬が逃げてしまったというところから付けられた。

驫木駅（昭和九年開設）は、現在、鉄道ファンには秘境駅として名高い。日本海に面して、小屋のような小さな駅舎がひとつ、ぽつんと建つ。無論、無人駅。駅のまわりには、家一軒ない。目の前に海が広がるだけ。

一九八八年発行のステーション倶楽部編の『駅―JR全線全駅』（文春文庫）を見ると、この駅の一日の平均乗降客数は百十二人とある。現在ではもう半減しているのではないか。

今回の旅は、編集者のKさんに同行してもらった。驫木駅を見たかったから。鉄道に乗って、この駅で降りると、一日に五本しかとまらないから次の列車まで、何もないところで何時間も待たなければならない。これはいくら鉄道の旅が好きといってもつらい。車の旅にした。

弘前でレンタカーを借り、Kさんの運転で鰺ヶ沢から五能線に沿って走り、一時間ほどで驫木駅に着く。これまで列車のなかからしか見たことのなかった小さな駅を身近に体験する。わくわくする。ホームに立ち、目の前に広がる日本海をながめる。海辺を五能線のレールが、置き忘れられたように走っている。鉄道ファンらしい中年男性が一人、車で来て駅の写真を撮っている。

「奮闘篇」は一九七一年のゴールデンウィークに公開されているから、撮影はまだ雪の残る春先に撮影されたのだろう。五能線が現在のように観光客に注目されていない時代に、よくこの鉄道を、しかも、沿線のなかでももっともさびしい驫木駅を撮影場所に選んだと、感服する。なるほど、花子は、こんな「僻地」から都会に出て来たのか。さぞ心細かったことだろう。

ちなみに驫木駅は、一九八四年に公開された映画、畑山博原作、中田新一監督の「海に降る雪」にも登場する。東京での生活に疲れた若い女性（和由布子）が、最後、故郷のこの駅に降り立つ。日本海の荒海に向かう。

「奮闘篇」では、さくらが一人、驫木駅に降りる。荒涼とした風景に驚く。海辺で漁師に、花子の家を聞き、訪ねてゆく。掘立小屋のようなボロ家。苦しい暮しがうかがえる。花子は、近くの小学校に行っているという。

小学校を訪ね、花子が、とらやに引き取りに来た親切な先生の配慮で、給食係として働いていることを知る。故郷に帰り、信頼する先生の下で働いている花子は幸せそうだ。

この小学校は田野沢小学校という。驫木駅から少し山の方に入ると田野沢の集落がある。映画のなかにも映っていた藁屋根の家がいまでもまだ残っている。

少子化が進んでいるのだろう、小学校は廃校になっていた。跡地に福祉センターが建てられているが、人の姿は見えず、がらんとしている。

「奮闘篇」では田中邦衛演じる先生が、小さな校庭で、十人ほどの生徒たちとドッジボールをしている。山の分校のようだった。

近くの畑で野菜の手入れをしていたお婆さんに話を聞くと、ここで「男はつらいよ」の撮影がされていたことを覚えているという。榊原るみの名前は知らなかったが、可愛い女の子が給食を運ぶのを何回もやり直していた、と話してくれる。

話している時、山のほうからドンという音がたて続けにした。お婆さんによると、猿を撃つ鉄砲の音だという。これには驚いた。こんなに人家に近いところまで猿が出てくるのか。集落では、人間が減って猿が増えている。ここも各地で増えている限界集落のひとつかもしれない。それを考えると、花子はあれからどうなったのだろうと心配になってしまう。

寅の後ろ姿

さくらは、田中邦衛演じる小学校の先生から、確かに最近、寅が花子を訪ねて来て、先生の家に一泊していったことを聞く。次の日、「セールスの仕事が忙しいから」と、バスで弘前に向かったという。

これ以上、探し切れない。東京に帰ろうと弘前行きのバスに乗る。バスには、この時代、まだ若い女性の車掌がいる。懐しい。

バスは、海岸に平たい岩がテラスのように張り出している岩場に差しかかる。現在、五能線沿線の観光名所になっている千畳敷。昔、津軽の殿様が千畳の畳を敷き宴会したことからこの名前が付いたという。太宰治の文学碑が建てられている。

さくらがバスから見る千畳敷は寂しい海岸。小雨が降ってきている。よく見ると人が出ている。乗客の話だと、海で死んだ者がいて、警察や消防団が死体を探しているという。

それを聞いて、さくらの顔が曇る。もしや兄が。一瞬、さくらは、寒風にさらされた寅が、寂れた海辺の小屋に身を寄せる姿を想像する。あの陽気な兄が、海からの風に吹き飛ばされそうになって、賽の河原のような海辺を歩く。ボロ屋の板壁にもたれかかる。

「男はつらいよ」のなかでも、もっとも暗く重い場面として心に残る。さくらの想像の場面ではあるが、旅暮しの寅であれば、いつそんな「旅に病む」日が来てもおかしくない。

「男はつらいよ」は時折、喜劇映画とは思えぬ、寅が夕暮れの道を一人歩いてゆく寂しい場面を差し込む。寅のうしろ姿に渡世人の孤独がにじむ。

第三作「フーテンの寅」（70年、森﨑東監督、新珠三千代主演）では、旅館のおかみの再婚を知った寅が、最後、湯の山温泉を寂しく去ってゆく。ススキが揺れる晩秋の田舎道を寅は背中を見せて歩いてゆく。

第十作「寅次郎夢枕」（72年、八千草薫主演）では、甲州路を旅し、旧家の奥さん（田中絹代）から同じテキヤ仲間の死を知り、心に感じるところあって、晩秋の田舎道をやはり一人、背中を見せて去ってゆく。

第三十四作「寅次郎真実一路」（84年、大原麗子主演）では、最後、思いを寄せた人の妻に別れを告げ、また旅に出てゆく。夜の鉄道の駅（常磐線の土浦駅）に向かって歩く。年の暮れ。木枯しが寅の背中に吹きつける。

とらやでは、寅が旅に出ると知った情にもろいおばちゃん、三崎千恵子が「かわいそうにねえ」と涙ぐむ。

寅の自由気ままな一人旅は、実はいつも寂しさと隣り合わせにある。「風来坊の孤独」とでも言おうか。

バスのなかで、人が死んだと聞いたさくらが暗い表情をしたのも、おばちゃんと同じように一人旅の兄を「かわいそうに」思ったからだろう。

しかし、それも一瞬。喜劇映画の本道に戻る。バスは鰺ヶ沢から弘前に向かう。途中、岩木山の山麓に、嶽《だけ》温泉という湯治場がある。農家の人たちが農閑期に利用する。

バスがその嶽温泉に停車する。

湯治客のあとに、にぎやかな男が乗り込んで来る。言うまでもなく寅。「何してるのよ、こんなところで」と驚くさくらは葉書を見せ「この葉書は何よ」と怒る。寅はいちおう殊勝に「あの時はあんな気分だった。腹は空くし金はねえしよ、ボロっちい宿屋でもってよ、壁の隙間からスースー風が吹いちゃうしな」と弁解する。

「俺、死んだと思ったか」「冗談じゃないわよ」「死ぬわけないよな」

兄と妹のやりとりが物語を一気に笑いに引き戻す。さくらは怒りながらも、いつものように調子のいい兄を見て、ほっとしたに違いない。

嶽温泉には、最初、弘前から鰺ヶ沢に向かう途中で立寄った。まだひなびた湯治場の雰囲気を残している。バス停の前の小島旅館は撮影時にスタッフが泊った旅館。ほぼ当時のまま。玄関をあがったところの廊下には、渥美清の色紙や倍賞千恵子の写真が飾ってあった。

おかみさんは言う。「いまでも時々、あなたたちみたいな『男はつらいよ』のファンが訪ねてきますよ。ほんとに暇な人たちよね」。マナスル登頂で知られる登山家、槇有恒の色紙もあるが、「こっちは誰も見ないの。寅さんばっかり」。また苦笑された。

登場しないヒロインだが

「風来坊の孤独」が寅の口から語られる一篇がある。

第十六作「葛飾立志篇」（75年、樫山文枝主演）。

ある日、とらやに、修学旅行で東京に来た女学生（桜田淳子）が立寄る。まだ会ったことのない寅を父親と思い込んでいて、とらやの一同は、寅に子供がいたとびっくりする。

そこに寅が旅から帰ってきて、誤解だと分かる。寅が、昔、世話になったその女学生の母親に、毎年、正月に御礼の手紙とお金（といってもわずか五百円）を送り続けていたので、女学生は寅が父親と思い込んでしまっていた。

ここで寅は、お雪さんという女性とは何もなかったとこう言う。「俺は、お雪さんには指一本、触れていねえ」。いつものことながら寅は、かたぎの女性にはストイック。

そして寅は、十六、七年前の冬のことをとらやの一同に語り始める。

山形県の寒河江《さがえ》という町でのこと。雪の降る晩、寅は無一文で歩いていた。

「何をやってもうまくゆかない時でな。腹は空いているし、手足は凍えてくるし、矢も楯もたまらなくなって駅前の食堂に飛び込んだんだ。そこがお雪さんの店よ。俺は手に持っていたカバンと腕時計を差し出して、これで何か食わせてくれっていったんだ。お雪さんは『いいんですよ、困っている時はお互いですからね』、どんぶりに山盛りの飯と湯気の立った豚汁とおしんこを置いてくれたっけ。俺はもう無我夢中でその飯をかきこんでいるうちに、涙がポロポロポロポロ、涙が出て仕方がなかったよ。その時、俺にはお雪さんが観音さんに見えたよ」

「風来坊の孤独」がよくあらわれている。テキヤ稼業の旅は、野垂れ死にと紙一重にある。このお雪さんは寅の話で語られるだけで、映画のなかに登場するわけではないのだが、「男はつらいよ」の忘れられないヒロインになっている。

修学旅行で寒河江から東京に出て来た順子という女学生から、母親は去年亡くなったと聞いた寅は、すぐに墓参りに寒河江へ出かけてゆく。

寅だけではない。この映画を見たら誰でも寒河江に行きたくなる。「奮闘篇」の花子の家があった鰺木の集落を訪ねたあと、鉄道で秋田、山形を経由して寒河江に行った。

山形駅から左沢《あてらざわ》線というJRのローカル線が出ている。山形から奥羽本線に沿うように北西に走る。終点の左沢まで約二十六キロの盲腸線。全線開業は大正十一年（一九二二）。東京で言えば郊外電車になる。

寒河江はこの鉄道の途中にある。人口約四万人の市。サクランボの生産地として知られる。またこのあたりはニット生産の盛んなところで、佐藤繊維という会社は、ニナリッチやシャネルなど世界ブランドに高級ニット糸を提供していることでファッション界では有名。

このあたりを最上川が流れている。江戸時代は舟運が盛んだった。「葛飾立志篇」では寅は、はじめ、最上川の川辺に行き、昔ながらの渡し舟に乗る。

寒河江の前に、まず左沢に行く。山形市から左沢線に乗り、一時間ほどで終着駅の左沢駅（大江町）に着く。駅名標示板は名産のラ・フランスの形をしている。町は派手な看板のない、落着いた静かなところ。舟運で栄えたころの木造のどっしりとした建物があちこちに残っている。駅から歩いて十分足らずで最上川の清流に出る。岸辺には山形県出身の歌人、斎藤茂吉の歌碑がある。三連の石造りの下部アーチ橋が架かっている。

町の人に聞くと、寅が乗った渡し舟はもう少し上流にあったという。タクシーで行ってみると、確かに「道の駅　おおえ」の近くにその場所があった。さすがに渡し舟はもうないが、町の人は「渡し舟はロープをたぐって進んだ。『男はつらいよ』はここで撮影された」と教えてくれる。

驚いたことがあった。この場所（大江町藤田地区）はNHKのテレビ番組「おしん」のロケ地にもなったという。子供のおしん（小林綾子）が両親の家を離れ、奉公に出るために冬の最上川を筏《いかだ》で下る。「かーちゃん、とーちゃん」と叫ぶ、あの万人が泣いた場面である。「道の駅」には、撮影に使われた筏を再現したものが「おしんの筏」として置かれていた。いまでも観光客が来るようだ。

寅が、お雪さんの墓参りをした寺は、寒河江の慈恩寺。左沢線の左沢駅と寒河江駅のなかほどにある。山のなかにある。というより山全体が寺になっているよう。

山形県の寺といえば、山形市から仙山線で東にいったところにある山寺（立石寺）が有名だが、慈恩寺のほうは、観光地化されず、ひっそりとして神さびている。

普通なら山寺で撮影したいところだが、山田監督は地味な慈恩寺を選んだ。「お雪さん」の墓所としては、こちらのほうがふさわしいと考えたのだろう。

　左沢から寒河江に戻る。思っていた以上にきれいないい町だった。老後、住みたいと思ったほど。

　昔ながらに、鉄道の駅を中心に町が広がっている。駅前通りは再開発されたらしく、新しいおしゃれな店が並んでいる。

　夜、Kさんと飲食街を歩いた。よさそうな店が多い。小振りの小料理屋に入ったが、ここがよかった。年輩のおかみさんが一人で切りまわしている。山菜を中心にした料理が日本酒に合う。

「寒河江には世界一があるのよ」とおかみさんは言う。何かと思ったら、サクランボの種を口で吹き飛ばす大会というのが毎年、町で開かれていて、これは「世界最大の種プー大会」だそうだ。

　なんだか、のんびりした話だ。「男はつらいよ　葛飾立志篇」を見るまで寒河江を知らなかった。このシリーズは、日本の小さな町の良さを教えてくれる。

15 「渡世人」の迷い

渡世人の寅は、時々、このままではいけないと、かたぎになろうとする。結局は長く続かないのだが、一時は本気でテキヤを辞めて汗水たらして働こうとする。

第五作「望郷篇」(70年、長山藍子主演)で早くもかたぎの暮しが実現する。

ある時、柴又に帰った寅は、北海道のテキヤの親分(木田三千雄)が重病になっていることを知り、弟分の登(津坂匡章)と札幌の病院に親分を見舞う。

かつては威勢を誇った親分もいまでは見る影もなく衰えている。しかも最後に会いたいと願った息子(松山省二)は、いくら寅に説得されても父親を見舞うことを拒絶する。蒸気機関車の機関士というかたぎの仕事に就いている息子は、やくざ稼業の父親を嫌っている。最後まで父親を見舞いには行かない。親分は、息子に会えないまま死んでゆく。

旅先で寅は、テキヤのわびしい末路を思わざるを得ない。このままでは自分もみじめな最期を迎えることになる。よし、かたぎになろう。

一大決心をした寅は柴又に帰り、まずは、博(前田吟)のように「油にまみれて」地道に働こうと、隣りのタコ社長(太宰久雄)の印刷所に行くが、体よく断わられる。次に町内の寿司屋、天ぷら屋を回るが、どこでもまともに相手にしてもらえない。

最後、銭湯で断われた時にはカッとなってひと暴れ、そのまま柴又から姿を消してしまう（このくだりは、おいちゃん〈森川信〉の語りで説明される）。やくざ者の寅にまともな仕事はおいそれと見つからない。

寅が消えてしばらくして、さくら（倍賞千恵子）のもとに、なぜか油揚げの包みが届く。夏のことなのでもう悪くなっているが、この荷から寅が浦安の豆腐屋で働いているらしいと分かる。

浦安は柴又と江戸川、旧江戸川でつながっている。柴又の下流が浦安になる。かたぎの仕事が見つからなかった寅は、川べりに浮かぶ和舟でふて寝する。寝ているあいだに舟は、寅を浦安に運んだ。かつての江戸川の舟運を思わせて、この設定に納得する。川づたいに行けば、柴又と浦安は隣り町のようなもの。

寅の居場所が分かったので、夏のある日、さくらは浦安に兄を訪ねてゆく。

浦安は、一九八三年に東京ディズニーランドが出来てから町の様子が一変したが、それまでは、旧江戸川の三角洲に出来た漁師町だった。

永井荷風原作、久松静児監督の「渡り鳥いつ帰る」（55年）では戦時中、東京の下町で空襲に遭い家を焼かれたおかみさん（水戸光子）が浦安に移り住んでいるという設定で、昭和三十年代のまだ漁師町だった浦安が映し出されている。川には、浦安を舞台にした山本周五郎の『青べか物語』で知られるようになった「べか舟」と呼ばれる一人乗りの平底船が浮かんでいる。漁師はこれに乗って貝や海苔をとった。

さくらは浦安の町を歩く。それまで鉄道がなかった浦安だが、昭和四十四年（一九六九）に地下鉄の東西線が開通し、一気に東京に近い町として開けていった。「望郷篇」はその一年後に作られている。漁師町から新しい住宅地に町が変わりつつある頃。

さくらは、東西線の浦安駅の南側（海側）を歩く。現在も駅から十分ほど歩くと、佃煮屋や釣り船屋があって、かろうじて漁師町の面影を残している。

さくらが町の人に道を尋ねた場所、庚申塚はいまも健在。その少し先に境川という旧江戸川に通じる堀割がある。映画のなかでは、この川にまだべか舟がたくさん浮かんでいるが、さすがに現在ではもう舟は見られない。

境川が旧江戸川にぶつかる水門のわきに、吉野屋という船宿がある。釣り船や屋形船を東京湾に出す。この船宿は、『青べか物語』に登場する船宿千本のモデルだという。店のなかには、山本周五郎が船に乗っている写真（林忠彦撮影）が飾られている。

美人のためなら

境川に沿うようにフラワー通り商店街がある。かつて浦安でもっとも活気があったところ。現在では商店の数は減っているが、それでも昔ながらの銭湯が残っている。昭和のモダンな木造建築もある。医院だったという。明治時代の商家、旧宇田川住宅がそのままの形で保存されている。このあたりは、大規模な空襲に遭っていない。

ディズニーランドの町とは思えない古い良さが残っているからだろう、市川準監督の「東京夜曲」（97年）もここでロケされている。

寅が働くことになった豆腐店は、このフラワー通り商店街を東に歩いた突き当りにあった。食料品店のおかみさんが「そこよ、そこ、そこ」と正福寺という寺の隣りだったと教えてくれる。現在は駐車場が作られようとしている。

正福寺では、縁日の様子が撮影されている。寅を慕って浦安に来た源公（佐藤蛾次郎）が、この寺で珍しく啖呵売をする。

寅が働くことになった豆腐屋は、母親（杉山とく子）と娘（長山藍子）が切りまわしているが、娘は近くの美容院での仕事もある。男手がなくて困っていたところに、柴又から風来坊の寅がやってきたので早速、店を手伝ってもらう。

娘が美人なので寅は大張り切り。「汗と油にまみれて」地道に働く。寅は第三作「フーテンの寅」（70年、森﨑東監督）では、美人のおかみ（新珠三千代）のいる三重県湯の山温泉の温泉旅館の番頭として働いたし、第十三作「寅次郎恋やつれ」（74年、吉永小百合主演）では、美人の人妻（高田敏江）が住む島根県温泉津の温泉宿で番頭として働いた。美人のためなら地道な暮しも厭《いと》わない。

豆腐屋の内部はセットだろうが、浦安らしい作りになっている。店の裏は境川に面している。昔はそこで洗濯などをしたことが窺える。水の町ならでは。

寅はよく働くので重宝がられる。ちなみに母親を演じる杉山とく子と娘の長山藍子は、テレビ版「男はつらいよ」では、おばちゃんとさくらを演じている。

寅は娘に惚れる。向うもその気があるように見える。うれしくなってさくらに電話し、「ひょっとすると、オレ、世帯持つかもしれない」と報告する。

そこで、逆転が起きる。娘には他に好きな男がいた。毎度の失恋なのだが「望郷篇」の失恋は、シリーズのなかでも、もっとも無残なものになる。

ある晩、寅は二人から、このまま豆腐屋の仕事を手伝ってくれと頼まれる。当然、寅は娘と結婚するのだと思い、照れながらもうれしそうに承諾する。

ところが、その晩、食事の席に、娘の恋人（井川比佐志）がやって来る。寅は、娘がこの男と結婚するのだと知らされる。娘は自分が結婚したら一人になる母親のことが心配で、これまで結婚に踏み切れなかった。それが寅がずっとここで働いてくれるというのなら、店をまかせて結婚出来る。

それを知った寅の、身の置き場のない困惑ぶりはシリーズのなかでも圧巻。とんだ三枚目になった寅が気の毒になる。長山藍子は、シリーズのなかでも、もっとも残酷な振り方をしたヒロインになる。

井川比佐志演じる娘の恋人は国鉄の職員。機関車の機関士。地道な堅い仕事である。前半に登場する松山省二演じるテキヤの親分の息子が、北海道の機関車の機関士だったのを受けている。こういう設定は、鉄道好きの山田監督らしい。

寅は、男の職業が機関士だと知ると「罐焚き」かと言う。それに対する男の答えが興味深い。

「三年前までは蒸気機関車に乗っていましたけど、いまはディーゼル」。

一九七〇年代に入って、蒸気機関車が次々になくなっている状況をよくあらわしている。山田監督はそういう時代だからこそ、この「望郷篇」では前半、松山省二演じる「罐焚き」が走らせる蒸気機関車を愛惜をこめてとらえている。

もののみごとに振られた傷心の寅は翌日、浦安を去ってゆく。身代りに源公を豆腐屋に置いてゆくのが笑わせる。源公、いたって気がいい。

茨城の寅さん

柴又からは東京の東、茨城県も近い。

寅はよく茨城県を旅する。

第三十九作「寅次郎物語」（87年、秋吉久美子主演）では、冒頭、寅が田園の川に架かる木橋を渡る場面があるが、これは茨城県を走る私鉄、関東鉄道常総線（取手―下館）の主要駅、水海《みつかい》道《どう》駅の東を流れる小貝川に架かる木橋。

二〇一五年の八月、常総線に乗りに行った時、この木橋のところに行ってみたが、さすがにもう橋はなくなっていた。近くの畑で働いていたおかみさんに話を聞くと「もうとうになくなったよ。地元ではボロ橋なんで『ガタクイ橋』なんて呼んでいたんだけどね」ということだった。

寅はこんなところまで歩いていたか。

「寅次郎物語」では、アヴァン・タイトルで寅が小さな駅で夢から目を覚ます。瓦屋根の駅舎は相当古い。いかにもローカル線の小駅。駅の近くで子供たちが遊んでいる。女の子がやってきて「おにいちゃん、ご飯よ」と呼ぶ。どこか寅とさくらの子供時代を思わせる。この駅は、常総線の中妻《なかつま》駅（常総市）。

常総市では二〇一五年の九月、鬼怒川が決壊し、大きな被害が出た。常総線も一時、不通になった。

シリーズ第四十二作「男はつらいよ　ぼくの伯父さん」（89年、檀ふみ、後藤久美子主演）では、寅は冒頭、水戸と郡山を結ぶ水郡《すいぐん》線に乗る。列車は満員で、老人（イッセー尾形）が立って、学生たちが座っている。見かねた寅が学生たちに「老人に席を譲れ」と叱る。すると老人は、年寄り扱いされたのが気に入らないらしく、余計なお世話だと怒り出す。

車内は大騒ぎになって寅と老人は途中の袋田の駅で降りる。そこで駅長がなかに入ったので二人は、ほこを収める。袋田駅は水郡線沿線随一の景勝地、袋田の滝（那智の滝、華厳の滝と並ぶ日本三大名瀑のひとつ）への玄関口。

映画のなかでは、古い木造の駅舎だったが現在では山小屋風の駅舎に建て替えられている。しかし、駅長も駅員も、もういない。

茨城県がもっとも大きく描かれるのは、第三十四作「寅次郎真実一路」（84年、大原麗子主演）。冒頭の夢の場面で松竹が作った怪獣映画「宇宙大怪獣ギララ」（67年、二本松嘉瑞監督）のギラが登場するので怪獣ファンに愛されている。

ある時、寅は上野あたりの居酒屋で、一人飲んでいるサラリーマン（米倉斉加年）と知り合う。

勘定を持ってもらう。大手の証券会社に勤めているという。

堅苦しい毎日を送っている富永というこの課長は自由人の寅に惹かれたのだろう、別の日、改めて意気投合し、居酒屋で飲む。すっかり酔った寅は誘われるままに、富永の家に行き、泊ることになる。

翌朝、目が覚めた寅は、富永の美しい妻（大原麗子）から、ここは茨城県の牛久沼だと知らされる。富永は、早朝の会議に出るために六時には家を出たとも。

この家は、牛久沼に流れ込む谷田川に面した「森の里」という住宅団地でロケされている。一九七〇年代になって開発された。東京までは牛久駅から常磐線を利用する。

寅は「昨夜《ゆうべ》、かなり電車に乗った」と言っている。上野から一時間はかかる。今回、「森の里」まで行ってみたが、駅からタクシーで十分ほどかかった。便がいいところとは言えない。朝早く、富永はまだ眠っている寅を置いて自転車で谷田川に架かる茎崎橋を渡って駅へと向かってゆく。毎日の通勤は大変だろう。

大原麗子演じる奥さんは寅に「三年前は都内の公団住宅に住んでいたんですけど、主人がどうしても自分の家が欲しいって」と説明する。サラリーマンがかなり無理をしてマイホームを手に入れた。

牛久沼のマイホームといえば「寅次郎真実一路」の前作、第三十三作「夜霧にむせぶ寅次郎」（84年、中原理恵主演）では、釧路の安宿で寅が同宿した、逃げた女房のあとを追っているサラリーマン、佐藤B作を思い出す。

夫婦でやっと牛久沼に家を持った。しかしローンの支払いが大変で、妻も働きに出ることになった。子供をお祖母ちゃんに預けて。そうしたら妻は、働き先の男と出来てしまい家を出てしまった。マイホーム哀歌と言えようか。

　毎日、遅くまで働いて朝は早く出勤してゆく。富永という証券会社の課長は、そんな生活が息苦しくなったのだろう、ある日、突然蒸発してしまう。自由人の寅を見て、自分もあんな気ままな暮しがしたいと思ったのかもしれない。サラリーマンはつらい。

　奥さんと寅は、消えた課長の行方を追って、彼の郷里の鹿児島に出かけることになる。

「旅の夜風が身に沁みる」

「寅次郎真実一路」には茨城県の景勝地、筑波山が出てくる。中腹の筑波山神社で、寅は大勢の参拝客を相手に「健康サンダル」を売る。隣りでは参道名物「がまの油売り」が啖呵売をしている。「遠目、山越えは笠のうち　聞かざる時はものの文色《あいろ》、理方《りかた》がとーんと分からない」

　この売人は、おそらく本職だろう。意味はよく分からないが、口調はいい。寅も負けじと「仁《に》吉《きち》が通る東海道」「二、三、六歩で引け目がない」「産で死んだが三島のおせん」とはじめる。テキヤの口上は意味よりも調子が大事なのだろう。ちなみに筑波山のガマは「四六のガマ」という。前足の指は四本、後足は六本と珍しい。

　この筑波山神社の場面の直前には、鉄道好きにはうれしい見どころがある。筑波山の麓を二両の気動車が走る。オレンジとベージュのツートン・カラー。

一九八七年に廃線になった私鉄の筑波鉄道。いまはない鉄道が映画のなかにいわば動態保存されている。

常磐線の土浦駅と、水戸線の岩瀬駅を結んだ。茨城県内では、水郡線、常総線と共に県内を南北に走っていた。

全長約四十キロ。大正七年（一九一八）の創業。廃線になってから三十年近くたっている。線路のあとはどうなっているのか。

牛久沼から足をのばして、土浦に行ってみた。筑波鉄道のホームは常磐線の土浦駅に接するようにあったというが、線路はもう残っていない。駅周辺にはカーヴした遊歩道が作られている。鉄道の跡らしい。

土浦駅前から筑波山口行きのバスに乗る。地図で確認すると、バスはほぼ筑波鉄道に沿って走っている。筑波山はさほど高い山ではないが、平野のなかにあるのでランドマークのようにくっきりと見ることが出来る。

バスが筑波山口に着く。降りてみて、驚いた。目の前に、以前の筑波駅が整備されて残されている。線路が走っていたところはやはり整備され、サイクリング・ロードになっている。バスの運転手に「男はつらいよ」のことを聞いてみたが、若い人だったので残念ながら知らなかった。もう三十年以上前になるのだから仕方がない。

そういえば、かつては新興住宅地として輝いていただろう「森の里」も、三十年以上たって、ところどころに空家が見えた。住人に話を聞いたが、近くに店がなくなって買物が大変だという。

最近は、牛久駅の水戸寄りの隣りに、一九九八年に新しく開設された、ひたち野うしく駅の周辺のほうがにぎわっているそうだ。

仕事のストレスを抱えこんで蒸発してしまった課長は、しばらく鹿児島の故郷を旅したあと、なんとか、牛久沼の妻のもとに帰る。

寅の人妻への淡い恋も、それと同時にはかなく終わる。しかし、この恋は、はじめから叶わぬものと分かっているから、痛手は「望郷篇」の時と違ってさほどないだろう。

冬の木枯し吹く夜、寅は普通の人間たちがこれから家族と暖かい正月を迎えようとしている時に、一人、旅を続ける。「渡世人のつらいところ」だろう。正月は筑波山神社で商売をするらしく、夜の土浦駅へと背中を見せて歩いてゆく。「旅の夜風が身に沁みる」寂寥感が「男はつらいよ」の魅力になっている。

渡世人の自由気ままさと、いつ倒れるかわからない無常感は隣り合っている。現実にはその日暮しの旅は、金も食べる物も泊るところもないこともある大変なものだろうが、日々窮屈な思いをしているサラリーマンから見れば、羨しいものに見える。いや、勉強に追われている学生から見ても規則に縛られない寅の生き方は憧れになる。

寅が初めて海外（ウィーン）を旅する第四十一作「寅次郎心の旅路」（89年、竹下景子主演）では、浪人中の満男（吉岡秀隆）が「毎日、満員電車に揺られて嫌になる。会社員になったらずっとこんな生活が続くんだろうな。ああ、社会を否定しているおじさんが羨しい」といった意味のことをいってため息をつく。

それを聞いた母親のさくらは、満男をきつくとがめる。「おじさんは社会を否定しているんじゃなくて、社会に否定されているのよ」。確かに一人息子が寅のような風来坊になったら母親はたまらない。

廃線を辿って

かたぎの人間が、寅のような自由人に憧れる。山田洋次監督の初期の作品、「なつかしい風来坊」（66年）にすでにこの関係が描かれている。しがない公務員（有島一郎）が、社会のきまりなど平気ではみ出してしまう「土方の源さん」（ハナ肇）と知り合い、そのおおらかな生き方に惹かれてゆく。

これが「男はつらいよ」シリーズにも受け継がれる。第十五作「寅次郎相合い傘」（75年、浅丘ルリ子主演）では、一流会社の課長（船越英二）が、蒸発して旅をしている時に、八戸で寅と知り合い、心を惹かれ、一緒に北海道へと旅することになる。

第十七作「寅次郎夕焼け小焼け」（76年、太地喜和子主演）で高名な日本画家（宇野重吉）が寅を気に入ったり、第二十九作「寅次郎あじさいの恋」（82年、いしだあゆみ主演）で日本を代表する陶芸家（片岡仁左衛門）が寅には心を許すのも、同じパターンだろう。第三十一作「旅と女と寅次郎」（83年）で人気歌手（都はるみ）が失踪中に知り合った寅と一緒に佐渡へと旅するのもまた同じ。

「寅次郎心の旅路」には「寅次郎真実一路」の米倉斉加年演じる課長と同じように、会社勤めが苦しくなってしまったサラリーマン（柄本明）が登場する。

厳しい競争社会で生きることに傷ついてしまった男は、自殺を決意する。ローカル電車のレールに身を横たえる。

運転手が気づき、電車はぎりぎりのところで停車する。たまたま、この電車に寅が乗っている。車掌（笹野高史）から「目撃者として警察に来てくれ」と頼まれると、「いいよ、俺、どうせ暇だから」と気楽に引き受ける。「暇」があるということは、忙しい現代社会では、もっとも贅沢かもしれない。高等にはほど遠いが、遊民であることは間違いない。

柄本明演じる自殺しようと思ったサラリーマンは、「暇」な寅と知り合い、いっぺんにその気ままな生き方に惹かれてしまう。すっかりなついてしまい、トイレにまでついてくる。ついには一緒にウィーンに行こうと言いだす。

かたぎのサラリーマンがやくざな寅に憧れてしまう。冷静な博によれば「気の小さい優等生が、ガキ大将に憧れるようなもの」なのだろう。

この映画で気になるのは、柄本明演じるサラリーマンが自殺しようとした電車。どこを走っていた、なんという電車か。

画面をよく見るとすぐに分かった。電車の行先表示に「細倉」とある。宮城県の田園地帯を走った栗原電鉄（のち、くりはら田園鉄道）。東北本線の、岩手県との県境にある石越駅と、栗駒山の麓にある細倉鉱山を結んでいた。全長約二十六キロ。大正十年（一九二一）の開業。二十一世紀に入っても健在だったが、二〇〇七年の四月についに廃線となった。地元の人には「くりでん」と親しまれていた。

そうか、あの電車は「くりでん」だったか。ただ、自殺しようとした場所がどこかまでは分らない。そこで栗原市の観光課に電話してみた。応対に出た男性職員は「男はつらいよ」のファンなのだろうか。すぐに教えてくれたばかりか、「ここがロケ場所」と示されている地図まで送ってくれた。有難い。

七月の終り、所用で花巻に出かけた帰り、石越駅で降りて、ロケ地を目ざした。駅前から細倉に行くバスが出ている。ほぼ「くりでん」に沿って走る。

町なかを出ると、みごとな田園風景が広がっている。このあたりは日本有数の穀倉地帯で、緑の田のなかに大きなカントリー・エレベーターが見える。

小一時間走って、日照《ひでり》という小さなバス停に着く。水田が広がっている。確かに映画のなかのあの風景に似ている。田の向うに土手が見える。近づいてみると鉄道の築堤で、そこにはレールがいまだに残っていた。これには感動した。

「男はつらいよ」の監督助手を長く務めたのは、五十嵐敬司氏。どこでロケするか。ロケ地探しに力があった。その著書『寅さんの旅　「男はつらいよ」ロケハン覚え書き』（日本経済新聞社、一九九三年）によれば、「くりでん」は五十嵐氏の故郷の電車なのだという。

「（ロケハンのスタッフと）石越に出て栗原鉄道の沿線をみる。栗鉄の電車は一同気に入ってくれたようだ。玩具のような電車がまだ動いているのに驚いている」「私の実家は、この沿線のさらに山奥にある。毎年墓参に帰る時は、便利なバスを避けて、わざわざこの電車を利用している。故郷の景色はといえば、栗駒山は素晴らしいがそれ以外は見るべきものが少ない。しかしこの電車だけは、廃線になる前に『男はつらいよ』に是非登場させたいものだと考えていた」。

故郷への思いが「寅次郎心の旅路」にはこめられていたか。二〇〇七年に廃線になってしまった「くりでん」を「男はつらいよ」はみごとに動態保存したことになる。失われてゆく日本の懐しい風景を撮っておく。「男はつらいよ」の魅力であり、功績である。

石越駅に戻るバスのなかから注意して見ていると、あちこちに廃線跡が残っているのに気づく。レールだけではない。川を渡る鉄橋、構内、そして駅。いまからでも新しく走らせることが出来るのではないかと思うほど。

バスの運転手から、若柳という以前、「くりでん」の本社があった町には、電車が残されていると聞いてそこで降りる。

バス停から少し離れたところに、若柳駅がきちんと残っていただけではない。ホームには電車が二両ほど静態保存されていた。廃線になった鉄道がこれだけきれいに保存されている例はそうはないのではないか。

いま見ると、「男はつらいよ」には本当に廃線が多い。四十八本も作られているし、最後の作品「寅次郎 紅《くれない》の花」（95年）からでも二十年以上になる。撮影当時は健在だったローカル鉄道がその後、次々に消えていっている。それを辿るのが懐しい旅になる。

16　九州の温泉めぐり

今回の旅は佐賀県の鳥栖《とす》駅から始めた。

第二十八作「寅次郎紙風船」（81年、音無美紀子、岸本加世子主演）には旅烏の寅をあらわすとてもいい場面がある。

冒頭、夢から覚めた寅は、大衆食堂にいる。テーブルにはお銚子が一本と、食べ残したとんかつが置いてある。とんかつを肴に酒を飲んでいるうちに、旅の疲れからうとうとしてしまったらしい。とんかつを注文したのはその日の商売がそこそこうまくいったからだろう。

寅は勘定を払うと店を出て駅へと向かう。旅先で宿へ向かう列車を待つあいだ、駅前食堂で一杯やる。旅好きにとっては楽しいひとときだけに、「寅次郎紙風船」のアヴァン・タイトルのこの場面は、いつ見ても旅心をかきたてられる。

この場面が撮影されたのが鳥栖駅前。大衆食堂は実際にあったものと思われる。昔は、駅前にたいていこんな気の置けない大衆食堂があって寅のような旅人《たびにん》に利用された。

現在の鳥栖駅前は再開発されていて、駅前食堂はもうない。ただ鳥栖駅の駅舎は当時のまま。この駅が鹿児島本線の駅として開業したのは明治二十二年（一八八九）。二年後には長崎本線が分岐した。九州の鉄道の要衝で、停車する特急の数は日本一という。

駅舎は二代目で明治四十四年（一九一一）に建てられたもの。明治の駅舎がいまだに主要駅で使われているのは貴重。

木造平屋で車寄せ（玄関）も付いている。玄関の軒下の彫込みにはなんと工部省のマークが残っている。屋根から煙突が突き出ているのが特色で、映画のなかではこれがくっきりととらえられ、鳥栖駅だと分かる。

「男はつらいよ」はなんでもないように見える場面で、駅前食堂、日本の懐しい駅舎を登場させて、旅好き、鉄道好きを喜ばせてくれる。

ちなみに東京から鳥栖へは、博多まで飛行機を使うのが早いが、それでは飛行機嫌いの寅に申訳ない。夜行列車が次々に消えているなかいまも走る夜行「サンライズ瀬戸・出雲」で岡山に出て、そこから新幹線で新鳥栖、さらに在来線で鳥栖に出た。

机上のポケット時刻表

「寅次郎紙風船」で次に寅があらわれる駅は、久留米と大分を結ぶ久大本線《きゅうだい》の夜明《よあけ》駅。名前がいい。例によって柴又に戻ったもののまた喧嘩して旅へ。トランクを持って降り立ったのが夜明駅（大分県日田市）。

久大本線は名湯湯布院（駅名は由布院）の人気が出て、日本最初の観光特急「ゆふいんの森」が走るようになったので知られる。近年は豪華列車「ななつ星 in 九州」が走る。

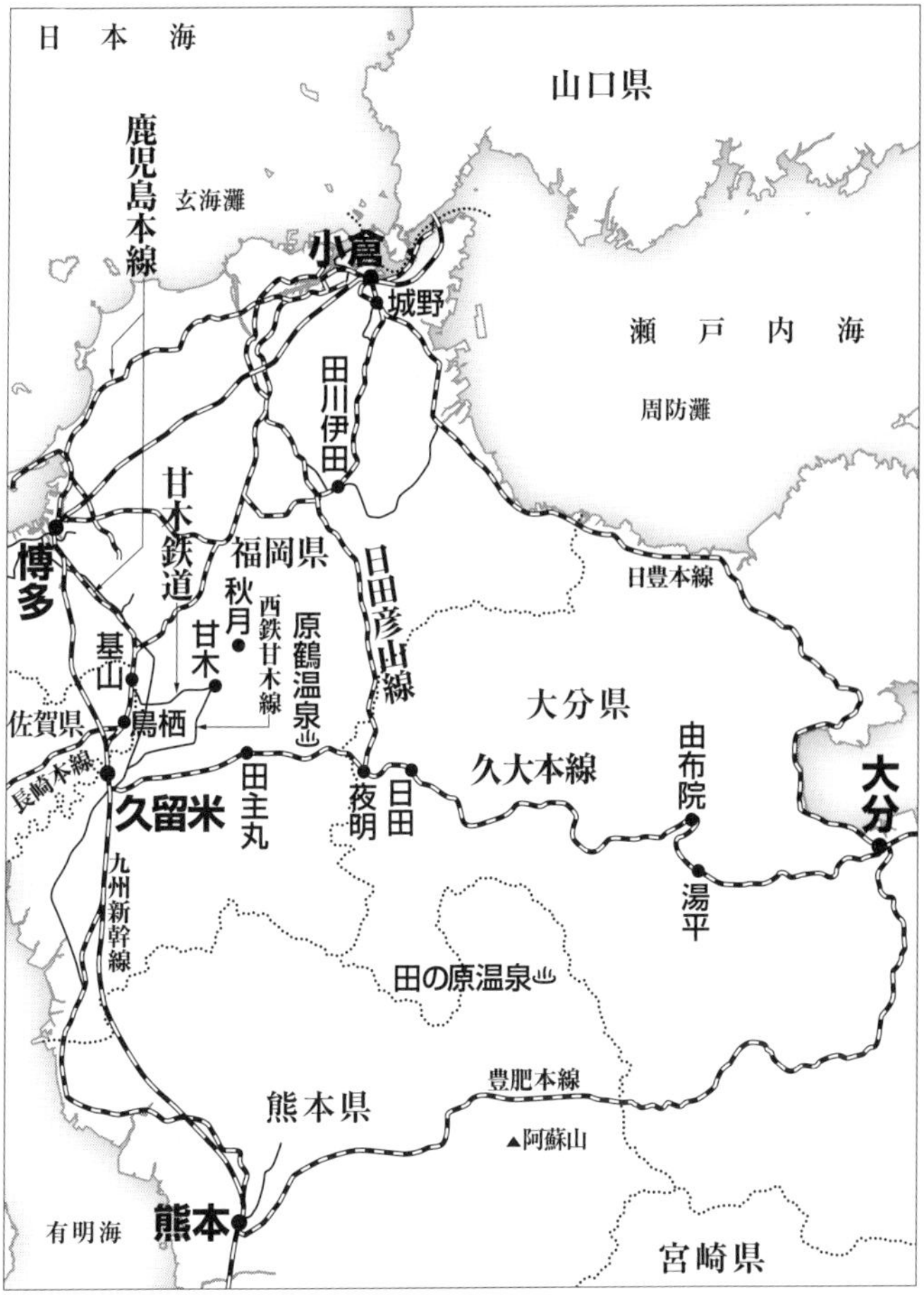
日本海
山口県
鹿児島本線
玄海灘
小倉
城野
瀬戸内海
周防灘
田川伊田
甘木鉄道
博多
福岡県
日田彦山線
日豊本線
秋月
西鉄甘木線
原鶴温泉
基山
甘木
大分県
佐賀県
鳥栖
由布院
久大本線
大分
長崎本線
久留米
田主丸
夜明
日田
湯平
九州新幹線
田の原温泉
豊肥本線
熊本県
阿蘇山
有明海
熊本
宮崎県

しかし、夜明駅はそうした観光とは無縁。筑豊に向かう日田彦山線（城野《じょうの》—夜明）との分岐駅にもかかわらず、ローカル線の小駅のようで駅員もいない。山田監督はおそらく「夜明」という駅名に惹かれたのだろう。

ちなみに日田彦山線の田川伊田駅（福岡県田川市、平成筑豊鉄道と接続している）は、筑豊を舞台にした第三十七作「幸福の青い鳥」（86年）で、寅が、飯塚の旅館で働く旅役者の娘、志穂美悦子と別れる駅として登場している。この映画ではまた、寅は飯塚のいまも健在の芝居小屋、嘉穂《かほ》劇場に立ち寄っている。

「寅次郎紙風船」では夜明駅で降りた寅が筑後川沿いの原鶴温泉（福岡県朝倉市）でひと商売したあと、夜、再び夜明に戻り、駅前の商人宿に泊る。大きなホテルの並ぶ原鶴温泉を敬遠しているのは寅らしい。

夜明駅は本当に小さな駅で、周辺には商店街はないし、商人宿もない。五年前にこの駅で降りたことがある。駅前の坂本商店を訪ねると、ここが寅の泊る旅館に設定されたとのことだった。店のなかには、ロケの時の写真や渥美清のサインが飾られていた。

久しぶりに訪ねると店仕舞いしていた。商人宿が次第に消えていっているのだから仕方がない。この宿の場面は、「寅次郎紙風船」のなかで、いや、「男はつらいよ」全作品のなかでも白眉のひとつ。

宿に泊った寅が、夜、机で何か書きものをしている。なんとその日の売り上げを書き留めている！　寅が単なる風来坊ではなく、テキヤとしてきちんと商売をして旅をしていることが分かる。「男はつらいよ」のなかで、こういう生活者としての寅を描いたのは、この作品だけだろう。机の上にポケット時刻表が置いてあるのも旅人らしい。

夜明の宿で、寅は十八歳の家出娘（岸本加世子）と同宿する。静岡県の焼津から家出してきた。漁師の兄（地井武男）はマグロ船に乗って遠くアフリカあたりに行っていると言う。

この娘が、寅になついて、寅の旅についてくる。口は悪いが、気はいい女の子。二人の珍道中が始まる。

夜明から田主丸《たぬしまる》（久留米市）に行く。ここも格別の観光地ではない。こういう町を寅に歩かせるのが「男はつらいよ」の良さ。

久大本線の田主丸駅（開設昭和三年）は、行ってみて驚いた。駅舎がカッパの顔の形に作られている（無論想像だが）。田主丸の町はカッパ伝説で知られ、町のあちこちにカッパの像がある。いたずらものとされるカッパだが、この町では、むしろ愛されている。駅舎の二階には河童資料室があり、カッパを愛し、この町をよく訪れたという若松出身の作家、『花と龍』で知られる火野葦平の写真もあった。

駅から北に少し歩くと、中央商店街がある。少しさびれている。洋品店のおかみさんに「確か、『男はつらいよ』のロケが……」と聞くと、すぐに笑顔になって「そこよ、そこよ、そこのお寺」。

寅が家出娘に、焼津の家へ帰れよ、とフーテンの先輩として諭すのが、この商店街にある法林寺という寺だった。寺だから、撮影時とほとんど変っていない。

二人は田主丸の町を歩く。月読《つくよみ》神社という町なかの神社も、「ひばり川」という堀割も映画のなかのままだった。

町を歩いていたら「鯉とりまあしゃん」という看板の店がある。鯉とりの名人が開いた鯉料理の店らしい。そういえば、田主丸駅の駅舎の河童資料室には、火野葦平が「鯉とりまあしゃん」(捕まえた大きな鯉を抱いている)と一緒に写っている写真が飾ってあった。地元では有名な人だったのだろう。

鯉料理の好きな人間としては店に入りたかったが、残念ながらまだ開店していなかった。

田主丸は、植木の町、ぶどうの巨峰の町として知られる。町のあちこちに苗木を植えた植木畑、ぶどう畑がある。このあたりの観光名所といえば、筑後川に沿った灌漑用の水車だろう。二連がふたつと三連がひとつ。とくに朝倉の三連水車が知られる。筑後川の水を水田へ引き入れる。「寅次郎紙風船」では、寅と家出娘がこの三連水車に立ち寄っている。田主丸の町を歩いたあと、タクシーでここに行ってみたが、水車がいまも現役として動いている姿はみごとだった。五年に一度は、新しくするという。

「寅次郎紙風船」では寅が惚れる、音無美紀子演じる女性がいい。テキヤ仲間、小沢昭一の女房。とびきりの美人ではないが、妙に色気がある。私見では、「男はつらいよ」のヒロインのなかで、もっとも色っぽい。彼女を縁日で見た家出娘の岸本加世子が寅に「あの人、雰囲気あるね。サラリーマンの女房じゃあ、ああはいかないよ」と評するのもうなずける。

寅が、この光枝というテキヤ仲間の女房に会うのは、久留米駅に近い神社、水天宮。

博多駅を出た列車は鳥栖をへて、久留米へ向かう。久留米の手前で、筑後川の鉄橋を渡る。この時、右手、川沿いに小さな森が見える。そこが水天宮。久留米駅からは歩いて十分ほどのところ。ここも神社だから撮影時とほとんど変っていない。筑後川に沿っていて境内から広々とした川の風景が眺められる。

縁日で寅が商売を始める。すぐ近くで音無美紀子演じるテキヤの女房が、たこ焼を売っている。寅に話しかける。テキヤ仲間、常三郎の女房だと分かる。亭主は病気だと言う。驚いた寅は、二人が住む秋月に見舞いに行くことにする。

筑前の小京都

秋月（福岡県朝倉市）は筑前の小京都と呼ばれる古い町。城下町で明治はじめの士族の反乱、秋月の乱で知られる。福岡県の山間部にあり、鉄道で行くとすると、久留米から西鉄で甘木《あまぎ》まで行くか、鳥栖から私鉄の甘木鉄道（鹿児島本線の基山《きやま》と甘木を結ぶ）で行くかのどちらかだが、今回は、甘木鉄道に乗る。終点の甘木から秋月まではバスで三十分ほど。

筑前の小京都は、行くのが案外、不便な隠れ里のようなところ。それでも鉄道の旅が好きな人間には苦にならない。

甘木鉄道はもと国鉄。筑紫平野を走るこのローカル線（基山から甘木まで約三十分）は戦時中の昭和十四年に、大刀洗《たちあらい》にあった陸軍飛行場への物資輸送のために作られた。この飛行場は、鹿児島の知覧と並んで特攻隊基地として知られる。現在、町には、平和記念館が作られている。

甘木鉄道は昭和六十一年（一九八六）に私鉄となった。私鉄になってから一度、乗ったことがある。

「文学散歩」をはじめたことで知られる元編集者の文人、野田宇太郎（一九〇九—一九八四）は甘木鉄道の沿線にある小郡《おごおり》の出身。市立図書館には「野田宇太郎文学資料館」がある。それを見に行ったあと、生家近くの墓に参った。

甘木鉄道に乗るのはそれ以来になる。田園地帯を走って、甘木駅に着く。この駅の駅舎も鳥栖駅と同じで九州の名駅とされている。屋根の瓦がオレンジ色の丸瓦なのと、壁にタイルが使われているので、スペインの住宅を思わせる。昭和十四年（一九三九）開業当時のまま。ここからバスで秋月に向かう。

約三十分で秋月に着く。静かな、まさに隠れ里のような町だった。二十年ほど前に、ＪＴＢから出ていた月刊誌『旅』の仕事でここに来ているが、その時と町の様子はさほど変っていない。瓦屋根の家が並ぶ。高い建物はない。城下町だが城はなく商家が目立つ。和紙の店、和菓子屋、製麵所が通りに落着きを与えている。

通りはゆるやかな坂になっていて、坂の上に秋月城があった。いまは中学校になっている。通りに沿って野鳥川という清流が流れている。町の入り口に当るところに、秋月目鏡橋という石の橋が架っている。江戸時代、文化七年（一八一〇）に作られた。映画のなかでは寅がこの橋を渡って秋月の町へ入る。

小沢昭一演じるテキヤの常三郎はここに住んでいる。寝ついていて、女房の音無美紀子が看病をしている。常三郎は見舞いに来た寅にこんなことをいう。「俺が死んだら、あいつをもらってくれ」。

寅は驚くが、心のどこかでこの女房に惚れてしまったのは確かだろう。かたぎの女にはない、いい雰囲気がある。着ている服など野暮ったいのだが、全体としてみると垢抜けている。どこか寂しげな秋の女。

東京生まれだという。「訳あり」でいろいろあった。博多の料理屋で仲居をしていた時に常三郎と知り合い、世帯を持った。

彼女は見舞ってくれた寅を見送ってゆく時に、思いがけないことをいう。「うちの亭主、もう長くないの。寅さんが見舞いに来てくれた最後の友だち」。

そういって、泣きながら去ってゆく。寅がそれを見送る。この別れの場は、目鏡橋のひとつ上《かみ》にある今小路橋の袂で撮影されている。赤いセーターを着た音無美紀子が清流に沿って去ってゆく。季節は秋。川沿いの道の左手には石垣と白壁が見える。名場面のひとつ。

白壁の家は、武家屋敷のようだが、行ってみると、江戸時代に創業された葛《くず》づくりの店だった。「廣久葛本舗《ひろきゅう》」という。店の人に聞くと、「ここで撮影されたんですよ。だから町の人は、音無美紀子さんが歩いた川沿いの道を『寅さん小路』とか『寅さんロード』って呼んでいるんです。小さな町に『男はつらいよ』の撮影が来るって大変なことだったんですよ」。

ただ、この町には大きなホテルはないから、撮影隊は甘木から通ったのだろう。

寅は寂しく去っていった女房のことが忘れられない。常三郎は死に、未亡人になった彼女は東京に出て来て、本郷の旅館で働くことになる。再会した寅は心ときめかす。死んだ仲間の頼みどおり、このいい女と世帯を持てればいい。

そしてかたぎになろうと、なんと小さな商事会社の面接を受けに行く。背広にネクタイの姿で。ただし足は相変らずの雪駄。無論、採用される筈もない。

常三郎の女房ともうまくゆかない。もっともこの恋愛は、寅のほうが押しが弱いというか、しょせん自分は、世帯を持つなんて柄ではない、と身を引いたきらいがある。寅に本気でその気があれば、案外、彼女は応じてくれたのではあるまいか。個人的には、もし寅が結婚するとしたら、テキヤのことが分かっている彼女がいちばんいいと思う。

山頭火も来た温泉地

久大本線の大きな町は日田。

旅の一日目は日田のビジネスホテルに泊った。かつての天領。三隈川沿いには温泉街がある。日田駅の北の豆田町《まめだまち》には、碁盤目状の通りに瓦屋根の旧家や商家が並ぶ。また北の郊外には焼物、小鹿田焼《おんたやき》の里がある。日田は甲子園にしばしば出場する日田林工高があるように林業の盛んな町でもある。

この日田のすべての要素が第四十三作「寅次郎の休日」（90年、夏木マリ主演）に描き込まれている。

満男（吉岡秀隆）が好きな後輩の泉（後藤久美子）は、両親（夏木マリ、寺尾聰）の仲がうまくゆかず、落ちこんでいる。父親は家を出た。九州の日田で、好きな女性（宮崎美子）と暮していると分かる。泉は日田まで父親に会いにゆく。満男がそれに付添う。

この映画では冒頭、寅がまず夢から覚めるのが小鹿田焼の里。十軒ほどの窯元が並ぶ。また、満男と泉は父親が働いているという三隈川沿いの製材所に行く。安心院《あじみ》製材所といって、いまも健在だった。訪ねてみると、事務所にいたきれいな女性がいきなりの客にも笑顔で「ええ、うちで撮影したんですよ」となかに入れてくれた。「男はつらいよ」がいまだに記憶されている。

さらに満男と泉は日田の温泉街を歩き、そのあと、父親が薬局を営む女性と暮す豆田町に行く。映画は日田の町を丁寧に紹介している。

このあと、二人に泉の母と寅が合流する。その夜、四人が泊るのは、日田の先、三州峡という峡谷にある天ヶ瀬温泉。川と久大本線の線路に挟まれた帯のように細く長い土地に旅館が並ぶ。大きなホテルが多い日田温泉に比べるとひなびている。寅が泊る宿としては、こちらのほうが合っている。

大分県は「日本一のおんせん県おおいた」と謳っている。「男はつらいよ」には、天ヶ瀬温泉の他に、大分県のひなびた温泉がもうひとつ登場する。

久大本線の湯平《ゆのひら》駅から車で十分ほど山のなかに入った湯平温泉。現在、大人気の湯布院に比べると、ずっとひなびている。湯布院ではなく、ここを選んだのはさすが山田洋次と言いたい。

日田で一泊したあと久大本線で湯平温泉に行った。観光客でごったがえす湯布院に比べると、こちらはひっそりとしている。駅前にはタクシーが一台だけ。運転手は「こちらは湯布院に比べるとさびれてしまったねえ」と正直。それでもネット社会の有難いところで、近年、アジアからの観光客が増えているという。「ひなびた良さ」が知られるようになった。

田中裕子と沢田研二の主演で話題になった第三十作「花も嵐も寅次郎」(82年)。寅が二人の縁結びの神になる。エドモン・ロスタンの「シラノ・ド・ベルジュラック」を下敷きにしている。

寅が湯平温泉に来て常宿に泊る(主人は内田朝雄)。亡くなった母親がその旅館で働いていたという若者(沢田研二)が供養のため母親の遺骨を持ってやって来る。さらに、大分県を旅行中の、東京のデパート(大丸)で働く若い二人の女性(田中裕子、児島美ゆき)が、いい男を見つけたと、若者を追うようにこの宿に泊る。

若い二人の恋が、ひなびた温泉宿から始まる。湯平温泉は、花合野《かごの》川という渓流に沿って、石畳の急坂が上へとのび、その両側に旅館が並ぶ。最盛期には五十軒ほどあったというが、いまはだいぶ数が減っている。廃業したホテルがそのままで残っている。もともとは外湯巡りの温泉場だったのだろう、現在も共同浴場が五ケ所もある。

昭和のはじめには種田山頭火がここを訪れ「しぐるゝや人のなさけに涙ぐむ」の句を残している。その縁で温泉街のはずれに「山頭火ミュージアム　時雨館」がある。ミュージアムといっても当世風のモダンな建物ではなく、いかにも苔むした二階建ての民家。山頭火にはこれでいいのかもしれない。

「男はつらいよ」ゆかりのものは残っていないかと温泉街を歩くと、坂の上の旅館、山城屋に「寅さんの部屋」という資料室があると聞いて行ってみた。

閉じてしまった郵便局を旅館の別館に改築し、その一室を「寅さんの部屋」にしている。撮影の時の写真やポスター、渥美清、田中裕子の色紙、さらに「男はつらいよ」の劇場プログラムが置いてある。

小さな物置のような部屋だったが、山のなかのひなびた温泉に三十年以上前の「男はつらいよ」が記憶されているのはうれしいことだった。

秘湯田の原温泉

湯平まで来たら、もう一ケ所、ひなびた温泉に足をのばしたい。熊本県南小国町の田《た》の原《はる》温泉。第二十一作「寅次郎わが道をゆく」（78年、木の実ナナ、武田鉄矢主演）で寅がすっかり気に入って長逗留した秘湯。

湯平から電話で予約を入れると、大丈夫だという。湯平から久大本線で日田に戻り、そこからバスで一時間ほど。久重山の西麓になる。近年大人気になっている黒川温泉の隣り。湯平は湯布院の隣りだし、田の原は黒川の隣り。寅は中心より隣りのほうが好きなようだ。

山城屋の「寅さんの部屋」を見たあと、タクシーで湯平駅に戻る。無人駅。ホームは二本ある。日田に向かうホームのなかほどに待合室がある。なかを見ると、「男はつらいよ」で渥美清と田中裕子がこの駅で列車を待つ写真が飾ってあった！

日田に戻り、バスで南小国の田の原温泉に向かう。南小国には一九八〇年代のはじめ月刊誌『旅』の秘湯めぐりの取材で行ったことがある。

そのときは田の原に近い岾《はげ》の湯温泉（熊本県小国町）に泊った。小さな村落のあちこちから湯煙がたちのぼる静かな湯の里だった。当時、まだ国鉄の宮原《みやのはる》線が走っていた。久大本線の恵良《えら》と、山に入った肥後小国を結ぶ二十七キロほどの盲腸線。途中に北里柴三郎の出身地、北里がある。松本清張原作、野村芳太郎監督の「張込み」（58年）には、刑事の大木実が犯人の田村高廣を追う場面で、杉林を走る宮原線の蒸気機関車が出てくる。

この鉄道に乗る旅でもあったが、旅したあと、一九八四年に宮原線は廃線になってしまった。日田から乗ったバスはこの宮原線の跡を沿うように走る。南小国の道の駅で停車したとき、バスの窓から見ると終点の肥後小国駅のあった所に、駅表示板とレールが十メートルほど遺構として保存されていた。肥後小国駅は木造の小さな駅舎だったが、跡地に建てられた道の駅小国はドームのような立派な建物だった。

バスは、実際には一時間半かかった。運転手に聞くと四月の熊本地震のために通常の道路がまだ不通で迂回したためだという。地震の影響はこんなところにもあらわれていた。

田の原のバス停で降りたのは私一人だった。あとの乗客はみんな黒川温泉に行く。

バス停に、「寅次郎わが道をゆく」ロケ地の表示があるのにまず驚く。寅が泊った旅館太朗館《たろうかん》は、バス停の近く。田のあいだを流れる清流に面して建っている。玄関には寅の顔出し看板が置かれ、ロビーには、撮影時の写真が飾られている。「男はつらいよ」一色。

主人の北里民夫さん（昭和二十一年生まれ）は、電話で予約する時、こちらが「男はつらいよ」のファンで……というと、すぐに予約に応じてくれた。

祖父母の代から始めた宿で百年以上になるという。

「『男はつらいよ』の撮影に使われると聞いた時にはびっくりしましたよ。山田監督がたまたま近くをバスで通って、窓からここを見て気に入ったそうです」

北里さんの役は、犬塚弘が演じている。北里さんの母親が二階の窓から顔を出すおかみさんの役として出演している。

母親が「（寅さんは）いま湯に行っている」と武田鉄矢に言うだけの場面なのだが、何回も撮り直したという。「映画って時間をかけて撮るんだなと驚きました」。

映画のなかで、犬塚弘は赤ん坊をおぶっているが、この赤ん坊は北里さんの子供だという。成長した現在、宿を継いでいる。犬塚弘は、太朗館が気に入り、その後、夫婦で何度も訪れているそうだ。

静かな温泉である。歓楽施設はなにもない。ただ田舎の風景と湯を楽しむ。とくに露天風呂は素晴しかった。

寅がここを気に入り、長逗留するのも分かる。もっとも宿代が払えなくなって、例によってさくら（倍賞千恵子）に泣きつくのだが。

寅は、この温泉場で、武田鉄矢演じる地元の青年が、可愛い女の子（岡本茉莉）に振られるところをたまたま見てしまう。それがきっかけで、彼と親しくなる。寅は、自分よりもてない青年を見て安心したのかもしれない。恋愛、人生の指南役になる。

武田鉄矢が岡本茉莉に振られる場面は阿弥陀杉といって、田の原から車で二十分ほどのところにある大杉で撮影された。小国の道の駅に近い。映画のなかでは大木だが、見に行ってみると意外に小さい。何年か前の台風で、途中から折れてしまったという。改めて、九州は台風が多いところだと思う。今度の旅も、東京に戻ったとたん、台風が九州を襲った。

夜、また、露天風呂に入りに行った。小さな川に架る橋を渡ってゆく。橋の袂に犬塚弘の色紙が飾ってある。

この文章がよかった。

「旅人よ
　行きずりの人であれ
　ほゝえむがよい
見知らぬ人であれ
　話かけるがよい
人は皆寂しい
　のだから」

17　加計呂麻島で暮す寅とリリー

連載の最終回は、最終作、第四十八作の「寅次郎 紅《くれない》の花」(95年、浅丘ルリ子主演)の舞台となった奄美群島の加計呂麻島《かけろまじま》に行くことに以前から決めていた。しかし、東京からまっすぐに島に行くだけでは曲がない。

それで、第十九作「寅次郎と殿様」(77年、真野響子主演)の舞台、愛媛県の大洲《おおず》と、第四十五作「寅次郎の青春」(92年、風吹ジュン主演)の舞台、宮崎県の油津《あぶらつ》に立寄ってから行くことにした。例によって鉄道が主となるので三泊四日の旅。夜行の車内泊を入れると四泊。寅のおかげで、こちらも日本各地を旅することが出来る。

九月なかば、夜十時、東京発夜行「サンライズ瀬戸・出雲」に乗り込む。夏に乗った時は満員だったが、この季節になると空いている。岡山を経由して四国に向かう。

寅は、四国はほとんど歩いていない(瀬戸内の島を除く)。大洲を舞台にした「寅次郎と殿様」があるくらい。ただ幻となった四十九作は、高知県での撮影が考えられていたという。誘致に熱心だった高知県の安芸市では、なんと地元の人たちが「寅さん地蔵」を作ったという。いつか見に行きたい。

「寅次郎と殿様」は、鉄道ファンには語り草になっているアヴァン・タイトルから始まる。夢からさめた寅がいる鉄道の駅は、海を目の前にした小さな駅。線路のすぐ先に海が広がっている。愛媛県の予讃線の下灘《しもなだ》駅。海辺にぽつんと小屋のような駅舎がたつ。近年、海辺に国道が出来て、少し海が遠くなった感じだが、それまでは予讃線で、もっとも海に近い駅だった。

一九九九年に「青春18きっぷ」のポスターに使われたことで広く知られるようになったが、「男はつらいよ」はそれよりはるかに早くこの駅を登場させた。さすがというしかない。よくロケ地を選んでいる。当時、「寅次郎と殿様」を見たあと、下灘駅と大洲の町を見たくなり、旅に出かけたものだった。以来、約四十年ぶりの大洲への旅になる。

「男はつらいよ」と「おはなはん」の町

朝、「サンライズ瀬戸」は坂出に着く。そこで予讃線に乗り換え、伊予大洲へ向かう。ちなみに近年、予讃線は、瀬戸内沿いに迂回する「愛ある伊予灘線」（すごい名前！）と枝分かれし、下灘駅はこちらに入ってしまったので、本線からはずれてしまった。列車から写真を撮ろうと思っていたのだが、無念。

大洲は「伊予の小京都」「水郷」と謳われている。駅に降りると、駅前に、二〇一四年にノーベル物理学賞を受賞した中村修二氏の記念碑があった。氏はこの町の中学、高校を出たという。

鵜飼で知られる肱川《ひじかわ》を渡ると、旧市街が広がる。城がある。二〇〇四年に復元されたという。城主は加藤家。「寅次郎と殿様」では、寅が大洲の町で、嵐寛寿郎演じる大洲藩十六代目当主、藤堂久宗と知り合い、物語が始まる。「藤堂」の名は、おそらく戦国時代に大洲に入ったことのある豊臣秀吉の家臣、藤堂高虎から取られているのだろう。

城下町だけあって瓦屋根、白壁や土塀の古い町並みが随所に残っている。寅と殿様が歩いた土塀のある道（右手に大洲小学校のグラウンドがある）はいまも撮影時のままの姿を残している。

近くに、藩主加藤家の住居がある。大正十四年に建てられた木造二階建て。「寅次郎と殿様」に、殿様の家として登場した。玄関には、いまも撮影時の渥美清、嵐寛寿郎、執事を演じた三木のり平の写真が飾られている。市の観光マップには、ここが「男はつらいよ」の撮影に使われたと、きちんと記されている。

古い城下町は、NHKの朝の連続ドラマ「おはなはん」の撮影も行なわれた。「おはなはん通り」と名付けられた古い町並みがある。町を歩いていて、ちょうど昼の十二時になった時、町のチャイムが鳴ったが、「おはなはん」の主題曲が流れたのには驚いた。五十年も前のドラマがいまも愛されている。大洲はいわば「男はつらいよ」と「おはなはん」の町になっている。

「寅次郎と殿様」で、寅は肱川の見える宿に泊まる。年に一度は来るらしい、とおかみのセリフで分かる。この宿で、寅はたまたま同宿した美しい女性と知り合う。真野響子演じるこの女性は、寅の大好きな「未亡人」。たちまち、ひと目惚れする。やがて、この女性が、藤堂家の殿様の若くして死んだ息子の嫁と分かり、寅が二人のためにひと肌ぬぐことになる。寅は、本当に未亡人という薄幸の美人が好きだ。

「男はつらいよ」シリーズが長続きした理由はいろいろあるだろうが、そのひとつに出演者の顔ぶれが固定していたことがある。初代おいちゃん役の森川信が途中で亡くなってしまったのは何とも残念だが、そのあとを継いだ松村達雄、下條正巳をはじめ、三崎千恵子、倍賞千恵子、前田吟、太宰久雄、愛すべき源公役の佐藤蛾次郎、そして御前様の笠智衆ら、おなじみの俳優が出演し、観客に、そこに家族がいるような安心感を与えた。

その常連のひとりに、谷よしのがいる。脇役のなかの脇役。大部屋女優と言っていい。この人の名前と顔が分かれば、そうとうの「男はつらいよ」のファンと言える。第一作「男はつらいよ」(69年、光本幸子主演)に出演して以来、第四十七作の「拝啓　車寅次郎様」(94年、かたせ梨乃主演)までほぼ全作に出演している。

セリフがあるかないかのような小さな役ばかり。第一作「男はつらいよ」では柴又の町の人。寅が帰ってきて祭りの纏を振うのを見る見物人の一人。寅がおいちゃん(森川信)、おばちゃん(三崎千恵子)に故郷に戻ってきた挨拶をするのを店のなかで見ている一人でもある。

宿の「女中」役が多い。寅が商人宿に泊る。そこに「女中」が「いらっしゃい」と茶を持ってやってくる。その役がたいてい谷よしの。

山田洋次監督は私のインタビューに答えて、谷よしのをこう褒めている(『寅さん完全最終本』小学館、二〇〇五年)。

「谷さんという人は、ごく普通の人を演じることができる。つまり邪魔にならない。目立たない。

まるで風景のように歩いたり佇《たたず》んだり出来る人。その素晴らしさは他の役者では代わりはできません。脇役のお手本のような女優です」

「男はつらいよ」シリーズの隠れたトレードマークだった。第十六作「葛飾立志篇」(75年、樫山文枝主演)では、あれ、今回は出ていないのかなと思っていると、考古学者の小林桂樹率いる大学チームと、タコ社長(太宰久雄)率いる朝日印刷チームが江戸川の河川敷で野球の試合をする時、朝日印刷の応援団のなかにちゃんと谷よしのの顔が見え、安心する。

谷よしのが、今度はどの場面に出ているか探すのは「男はつらいよ」を見る楽しみのひとつになっている。

大部屋女優だからキネマ旬報社から出版されている女優事典にも載っていない。奇特なことにこの地味な女優にインタビューした小さな雑誌がある。台東区入谷在住の堀内恭さんが作っている『入谷コピー文庫』二〇〇五年五月刊号。聞き手は阿部清司さん。

それによると、谷よしのは大正六年(一九一七)、名古屋生まれ。二十歳の時、「松竹大船映画俳優学校」開校の生徒募集の新聞広告を見て応募、入校。映画界入りした。デビューは、昭和十二年の浜本浩原作、島津保次郎監督の「浅草の灯」。主演の杉村春子のうしろにいる踊子の一人。以来、一貫して大部屋女優として生きた。六十年以上に及ぶ女優生活で、出演作品は千本を超えるというから驚く。

二〇〇六年に死去。山田洋次監督は告別式に次のような弔電を寄せた。

「寅さんシリーズの第一作から終わりまで渥美清さんと共にあなたはいなくてはならない女優で

した。目だたないところでしっかりと映画を支え続けたあなたの生涯に、心から称賛と感謝を捧げます」

「寅次郎と殿様」でも、谷よしのは旅館の「女中」の役。寅が大洲の町で商売をしたあと肱川沿いの商人宿に泊る。同宿した美しい女性、真野響子に名物のアユを差入れる。そのアユを運んで来るのが谷よしの。ああ、この映画にもちゃんと出ていると安心する。

町を歩いて伊予大洲駅に戻る。ここから予讃線で八幡浜《やわたはま》に出て、港からフェリーに乗り、二時間半ほどで対岸の大分県の臼杵《うすき》に着いた。

臼杵は平安時代から鎌倉時代にかけて崖石に彫られた磨崖仏群で知られる。第三十作「花も嵐も寅次郎」（82年、田中裕子、沢田研二主演）では、寅がこの磨崖仏群のところを歩いている。また寅は、市中の福良《ふくら》天満宮で商売をした。境内には、撮影記念碑が建てられている。

臼杵は、九十九歳まで執筆を続けた作家、野上弥生子の故郷。その実家（酒造家）は現在、野上弥生子文学記念館になっている。この記念館があるあたり（町八町《まちはっちょう》と呼ばれる）は古い町並みがよく残っている。大林宣彦監督、三浦友和主演の「なごり雪」（02年）は、臼杵でロケされていて、古都の静かなたたずまいが作品に深みを与えていた。晩秋に行なわれる「うすき竹宵」の様子もとらえられていて、石畳と白壁の町並みを竹ぼんぼりの灯が照らす様子は幻想的だった。

夜の町を一人でしばらく歩いた。人通りが少なく、静けさが身体に沁み込む。食堂が一軒開いていた。ドライブインのような外観で期待しなかったが、入ると、海の町だけあって魚がうまい。

とくに九月なかばというのにハモがまだあり、地酒によく合った。

珍しく濃艶

臼杵で一泊し、翌朝、日豊本線で宮崎へ。宮崎で日南線に乗り換えて油津《あぶらつ》（宮崎県日南市）へ。第四十五作「寅次郎の青春」の舞台。風吹ジュンが町の理髪店の主人になる。寅は彼女の居候になり、髪結いの亭主の気分を味わう。一九九一年に公開され、評判になったフランス映画、パトリス・ルコント監督の「髪結いの亭主」からアイデアを得ていると思われる。

油津は飫肥《おび》杉の積み出し港として、また、漁港として栄えた町。材木を筏《いかだ》にして運んだ堀川運河が町なかを流れる。赤レンガの建物や銅板張りの商家が残る。ここも小京都の雰囲気がある。油津の名は、油を流したような静かな良港の意。

日南線の油津駅の駅舎は昭和十二年、開業当時のまま。車寄せが付いているのがしゃれている。駅の事務室のなかに、大きな渥美清の写真がいまも飾ってあるのには、うれしく驚く。女性の駅員は「撮影、見に行ったわよ。まだ子供だったけど」とにっこり。

商店街を歩いて、撮影が行なわれた堀川運河に向かう。南国、油津は広島東洋カープのキャンプ地。ちょうどカープが優勝を決めたあとだったので、商店街のあちこちに「優勝おめでとう」の文字が躍っている。

駅から十分ほどで堀川運河に出る。林業が盛んだった頃、山で切り出された木材（飫肥杉）が筏に組まれ、運河を通って港へと運ばれた。

堀川運河には、堀川橋という江戸時代、天和三年（一六八三）に作られた石橋がいまも残る。川幅がさほどないので単アーチ。

風吹ジュン演じる蝶子の理髪店はこの橋の袂、吾平津《あひらつ》神社の手前にあるという設定。民家が理容室に見立てられた。油津の観光マップには、ここが「寅さんロケ地床屋跡」と記されているし、神社の前には「男はつらいよ　ロケ地」の案内碑が建てられている。

寅は油津に来て、喫茶店で休憩している時に、昼食をとりに店に来た蝶子と知り合う。薄いピンクの仕事着を着た風吹ジュンが可愛い。働く女性の清潔な色香がある。

喫茶店を出た寅は、堀川橋の上から堀川運河を見下す。あとから店を出た蝶子が寅に並ぶ。川をポンポン船が筏を引いてゆく。筏はおそらく撮影用に使われているのだろうが、古い石の橋、川辺に並ぶ瓦屋根の家々によく合っている。寅は蝶子に「静かな町だねえ」と語りかける。

理容師の蝶子は寅の伸びた髪を見て「散髪して行かんね」と店に誘う。若い蝶子が「髪を切る」ではなく「散髪」と古い言葉を使っているのが面白い。

寅は蝶子に「散髪」してもらう。椅子に座った寅の顔に、蝶子の身体が触れる。全体に健康的な「男はつらいよ」シリーズにしては珍しくエロティック。また、カメラは寅の視線になって、剃刀を研ぐ蝶子のうしろ姿、そして脚をとらえる。このカットもぞくっとする。

蝶子は、船員だという弟（永瀬正敏）と、二人で暮している。その弟が帰ってくる。外は雨になったという。「散髪」を終えた寅は店を出られなくなる。雨宿りが、自然に、泊めてもらうことになってゆく。

蝶子も、うれしさを隠せない。夕食の仕度をすることになる。雨のなか、傘（ビニール傘！）をさして町へ買い物に出る。

土砂降りのなか、風吹ジュンが堀川橋の上を、雨をはねあげながら走る場面も素晴しい。スカートからきれいな脚がのぞく。「雨のなかの女」「水の女」。山田監督は、大人の女性の色香をさりげなく見せる。「男はつらいよ」シリーズのなかでも特筆すべき場面。油津の町が、橋の袂に「ロケ地」の案内碑を建てたのもうなずける。

「背のびして大声あげて虹を呼ぶ」

橋の袂（川を挟んだ神社の向かい側）には、飫肥杉で建てられた二階建ての堀川資料館がある。二階に上がると、「男はつらいよ」のポスターや出演者の写真、サインが展示されている。寅さん資料館になっている。

二階の窓からは真下に堀川運河と堀川橋が見える。橋は、船の通行のためアーチを高くする必要があった。そのため、両岸の道を三メートルほど嵩上《かさあ》げした。道が高くなった結果、川岸の家は道路に面する二階が玄関になった。

橋の袂を歩くと、二階が玄関になった家がいまも見られる。橋の周辺には古い町並みが残っていて、赤レンガの建物、昭和モダンの擬洋風建物（書店）、造り酒屋などが並ぶ。京屋酒造本店は、ＮＨＫの朝の連続ドラマ「わかば」のロケ地になったという。

地方の衰退が言われて久しいが、こういう町を歩くと、地方の町のストックの豊かさを感じさせる。

昼過ぎ、堀川橋の袂で、これから先、加計呂麻島取材に同行してくれる編集者のKさんと落合う。Kさんは飛行機で宮崎空港まで来て、そこからレンタカーで油津まで来た。

Kさんと町を歩く。

驚いたのは、堀川運河沿いに渥美清の句碑があったこと。大きなレストランの前にある。町の有志が建てたという。

平成六年（一九九四）の句、「背のびして大声あげて虹を呼ぶ」が刻まれている。渥美清には、もうひとつ「虹」を詠んだ秀句がある。同年の作、「お遍路が一列に行く虹の中」。

前出の『風天　渥美清のうた』には、山田洋次監督へのインタビューが載っているが、山田監督によれば、幻となった第四十九作は「寅次郎花へんろ」といい、高知を舞台に、寅がお遍路の旅に付き合っているうちに美しい女性（田中裕子の予定だった）に出会う物語。渥美清がお遍路に興味を持っていたことから考えられたという。

それを考えると「背のびして大声あげて虹を呼ぶ」と「お遍路が一列に行く虹の中」の二句の向うに、遍路姿の渥美清の姿が見える気がしてくる。

Kさんの車で油津から飫肥へ。飫肥城がある。「寅次郎の青春」では、一日、蝶子と飫肥に遊びに出かけた寅が、飫肥城の大手門のあたりで、友人の結婚式のために宮崎に来ていた後藤久美子演じる泉とばったり出会う。

その飫肥城を見学する。五万余石の外様（伊東家）の小藩だが、城はみごと。石垣もさることながら、飫肥杉の大木に圧倒される。

飫肥は明治時代の外交官、小村寿太郎の出身地で、記念館が建てられている。小村は、日露戦争のあと、当時、日本にとって不利とされたポーツマス条約を結んだと批判を受けたが、近年、評価が高まっている。そのきっかけのひとつとなったのが、吉村昭の歴史小説『ポーツマスの旗』。Kさんは、吉村昭さんの担当をしたことがあるだけに、城を歩きながらひとしきり吉村昭の話になる。

ちなみに、北杜夫、城山三郎、藤沢周平、吉村昭はいずれも昭和二年生まれ。皆さんいい仕事をされた。

Kさんの車で鹿児島空港へ。五時半の奄美行きの便にぎりぎり間にあう。

奄美の空港に着き、Kさんの運転するレンタカーで古仁屋《こにや》へ。島の北から南への大移動。夜の道をひたすら走る。約二時間。古仁屋へ行くのは明朝、この南端の港町からフェリーで最終作「寅次郎 紅の花」のロケ地、加計呂麻島に向かうため。強行軍である。

奄美大島に来るのは、はじめて。途中、山の道のためか、ほとんど町らしい町がない。それで長年の謎が解けた。奄美大島には鉄道がない。なぜか、疑問だったが、島に大きな町が、名瀬と古仁屋のふたつしかないからではないかと納得した。鉄道より船のほうが便利だったのだろう。

夜、九時近く、ようやく古仁屋に着き、サンフラワー・シティホテルという港に近いホテルにチェック・インする。フロントで驚いた。壁のあちこちに山田洋次監督の色紙が飾られている。山田監督は、奄美大島が好きで、毎年のようにこのホテルを利用するという。この年も六月に奄美に来て、八十歳を過ぎた山田監督は海で泳いだというから驚く。また、このホテルの子息は、現在、山田監督のアシスタントをつとめているという。

映画「男はつらいよ」シリーズの前身は、よく知られているようにテレビ版にある。そのテレビの「男はつらいよ」で、渥美清演じる寅は、最後、奄美大島に行き、ハブに嚙まれて死んだ。「男はつらいよ」シリーズのおおもとには奄美がある。それだけに山田監督は、この南の島に深い思いがあるのだろう。

最終作の舞台へ

一九九六年、渥美清が肺癌で亡くなったため、一九六九年から始まった「男はつらいよ」シリーズは、一九九五年十二月に公開された第四十八作「寅次郎 紅の花」が最終作となった。

この作品では、甥の満男（吉岡秀隆）が、恋人の泉（後藤久美子）に振られたと思い込み、傷心の旅の末に、加計呂麻島にたどり着く。奄美大島の古仁屋から加計呂麻島に渡る海上タクシー（船長は田中邦衛。方言で喋るので、字幕が入る）でばったり会ったのが、浅丘ルリ子演じるおなじみのリリー。島に渡ってみると、なんとリリーの家には、寅が居候している。

この最終回を作る頃、渥美清の体調は相当に悪化していた。さすがに山田監督は、これが最後になるかもしれないと覚悟した。それでヒロインには、これまで第十一作「寅次郎忘れな草」

（73年）、第十五作「寅次郎相合い傘」（75年）、第二十五作「寅次郎ハイビスカスの花」（80年）に、どさ回りの歌姫リリーとして出演した浅丘ルリ子を起用した。

「これが最後になるかもしれない。だから、あなたに是非」と頼んだという（前出『寅さん完全最終本』）。

正直、後年の渥美清は老い、衰えが目立った。二十六年間も同じ役を演じ続けているのだから仕方がない。声はかすれてきていたし、髪も薄くなっていた。「寅次郎の青春」では風吹ジュンの蝶子に「散髪」してもらったあと、鏡を見る場面があるが、第一作の頃と比べると髪は薄くなり、老人の顔になっている。痛ましい。ファンとしては、もっと渥美清の寅さんを見たいという思いと、これ以上見るのはつらいという思いに引き裂かれる。

その最後の作品、「寅次郎 紅の花」のロケ地、加計呂麻島に渡る。島は古仁屋の目の前に見える。フェリーで三十分ほど。思ったより近い。

島の人口は千三百人ほどという。あちこちに小さな集落がある。Kさんの運転するレンタカーでロケ地を巡る。

驚いたのは、小さな場面が撮影されたところにも、きちんと『「男はつらいよ」ロケ地』の案内碑が、町によって建てられていたこと。小さな町にとっては、「男はつらいよ」のロケ地になったこと、それも、最終作のロケ地になったことは誇りなのだろう。

放浪の旅を続けていて腹ぺこの満男が、リリーにレストハウスでカレーライスを食べさせてもらう店があるスリ浜。満男が心配してあとを追ってきた泉に思い切って「好きだ」と告白する徳浜海岸。

どこにも『男はつらいよ』撮影地」の碑があるのに、うれしく驚く。満男が泉に「好きだ」という徳浜海岸の場面は、二人のむつまじい姿を、寅とリリーが好ましく見つめるのだが、行ってみて驚いたのは、この海岸が、島のはずれにあること。山道を走り、ようやく海にたどり着く。体調の悪かった渥美清が、よくここまで来たと思う。

島で、撮影を見たという老人に話を聞いたが「渥美清は、自分が見ても、疲れていて、とても話しかけられる雰囲気ではなかった」と言う。この老人は、中学校を卒業すると東京の武蔵小山の鉄工所に働きに出たという。「アベベが走った頃」(一九六四年の東京オリンピックの頃)。おそらく集団就職だったろう。

映画のなかで、リリーは、日本各地を旅したあと、加計呂麻島の男と知り合い、結婚した、しかし、男は死んで、そのあと、島で暮しているという設定になっている。

このリリーの住む家がある場所は、島の中心にあたる諸鈍《しょどん》集落。デイゴの並木がある、海に面した素晴しいところだった。山田監督が、ここを、リリーと寅のいわば終《つい》の棲《すみか》として選んだのはよく分かる。隠れ里のような、静かな集落。

ただ、ご多分に洩れずここでも過疎が進んでいて、リリーが住んでいる家として撮影に使われたデイゴの木の下にある民家は、もう住む人のいない廃屋になっていた。

集落には店がない。移動の販売車が荷を積んでやって来る。その店の名は偶然にも「とらや」だった。

徳浜海岸に建てられたモニュメント

寅とリリーが暮した家が今も

諸鈍の碑はシネマスコープ形

「アベの頃」に東京に働きに出た老人に会い、話を聞いたのは、この諸鈍集落だった。老人は、「寅次郎 紅の花」が撮影された頃には、島に戻っていた。前述したように撮影風景を見て、渥美清の衰えに心を痛めたという。

加計呂麻島は小さな島なので、食事をするところが少ない。昼食をどうするか、心配していたのだが、諸鈍集落の近くに観光用施設があり、そこに小さな食堂が併設されていた。可愛い若い女性たちが応援してくれる。聞くと、大阪や福岡から一定期間、働きに来た女子大生で、「離島で働く」ことが授業のひとつになっているという。三人の女子大生は、可愛く、明るく、最近の大学は、いい授業をしているなと、感服した。

このリリーの家があった加計呂麻島の諸鈍集落の公園にも、『男はつらいよ』ロケ地」の碑があった。

往年のシネマスコープのように横に長い碑で、右手には「寅次郎 紅の花」の、満男が諸鈍集落のリリーの家で、寅に出会う場面のシナリオが刻まれ、左手には、山田洋次監督の次のような言葉が刻まれていた。

「一九九五年の秋、ぼくたちはこの地で寅さんシリーズ第四十八作のロケーションをおこなった」。翌年、渥美清は亡くなった。

「しかし、寅さんは居なくなったのではない。我等が寅さんは、今も加計呂麻島のあの美しい海岸で、リリーさんと愛を語らいながらのんびり暮らしているのだろう――きっとそのはずだ、とぼくたちは信じている」
この碑は、地元の人たちがお金を出し合って作ったという。

あとがき

「『男はつらいよ』のロケ地を旅してみませんか」。「新潮45」編集部からそう言われた時は、うれしく驚いた。もちろん、その場で引受けた。というのも、私にとって、「男はつらいよ」は旅の映画だから。渥美清演じる寅は、よく「おれは旅人《たびにん》よ」と言っているが、テキヤという仕事柄、寅は日本各地を旅する。旅が仕事と言っていい。

行く先は、小京都と呼ばれる古都をはじめ、小さな田舎町が多い。漁師町、湯の町、城下町。そこにはローカル鉄道が走っている。寅の旅はだからほとんどローカル線の旅になる。鉄道の旅が好きな人間にとって、寅の旅は、羨しくなるような鉄道一人旅である。

「男はつらいよ」が旅の映画らしくなるのは、一九七〇年八月に公開された第五作「望郷篇」（長山藍子主演）からだろう。寅が北海道を旅する。何よりこの映画が素晴しかったのは、寅が訪ねることになる青年（松山省二）が、国鉄の小樽機関区で働く機関士の助手という設定だったため、蒸気機関車が勢いよく煙を吐いて走る姿がスクリーンに力強く映し出されたこと。函館本線の小樽駅から小沢《こざわ》駅に向かって走る。

当時、蒸気機関車は次第に消えつつある時代だったから、それが画面に大きく映し出されたのは、感動的だった。

このころから山田洋次監督は、日本人が長くそのなかで生きてきた、ローカル鉄道の走る田舎の風景が、高度経済成長と共に急速に失われていることに気づき、懐しい風景のなかにこそ、寅を歩かせるようになったのではないか。

そもそも、寅の故郷、葛飾柴又が、東京のなかでは、江戸川を挟んで千葉県に接する近所田舎だった。そこにはまだ昔ながらの瓦屋根の家が並ぶ町並みが残っている。

だから柴又に生まれ育った寅は、旅に出ても、もうひとつの柴又を求めるように、昔ながらの町を旅する。いわゆる「昔《むか》し町」である。

第六作「純情篇」(71年、若尾文子主演)の五島列島の福江島(長崎県)、第七作「奮闘篇」(71年、榊原るみ主演)の青森県鰺ヶ沢《あじがさわ》、第八作「寅次郎恋歌」(71年、池内淳子主演)の岡山県備中高梁《びっちゅうたかはし》、第十作「寅次郎夢枕」(72年、八千草薫主演)の山梨県明野《あけの》村(現在、北杜《ほくと》市)、第十一作「寅次郎忘れな草」(73年、浅丘ルリ子主演)の北海道網走、と酪農農家の広大な牧場が広がるその近郊……、寅は毎回、日本各地の「昔し町」を旅するようになり、「男はつらいよ」は、完全に旅の映画になっていった。

「男はつらいよ」が全四十八作も作られ、いまもテレビで繰返し放映される人気を保っている理由はさまざまあるが、旅の映画であることが大きいだろう。

寅の放浪の旅であり、しかも、旅先は、瓦屋根の家や田圃の残る懐しい町が多い。はじめから古い町を舞台にしているから何年たっても古くならない。繰返しに耐えられる。新しい風俗を描いた映画が、時間とともに古くなってしまうのに対し、「男はつらいよ」は新しさを求めないから長く、長く残ってゆく。

根底に、失われた風景に対する懐しさ、ノスタルジーがあるから、時間の風化に耐えられる。

「男はつらいよ」は旅の映画であると気がつき、自分でも寅が旅した小さな町に行ってみようと思い立ったのは、一九八〇年代のなかばころだった。当時、JTBで出版されていた月刊誌「旅」で約一年間、「日本すみずみ紀行」という連載をすることになった（一九八六年五月号から八七年六月号）。毎月、観光とはあまり縁のない小さな町を一人旅する。言うまでもなく、「男はつらいよ」の寅の旅を意識した。

この仕事で、第七作「奮闘篇」の舞台になった五能線の沿線、青森県鰺ヶ沢、第十三作「寅次郎恋やつれ」（74年、吉永小百合主演）の島根県の温泉町、温泉津《ゆのつ》、第十九作「寅次郎と殿様」（77年、真野響子、嵐寛寿郎主演）の愛媛県の城下町、大洲《おおず》を旅した。

どこも、懐しい、いい町だった。これで完全に、「男はつらいよ」の旅に入り込んでしまった。寅の旅した町、すべてに行ってみようと心に決めた。寅の旅が、言わば「歌枕」の役割を果すことになった。

一九八〇年代から九〇年代、さらに二〇〇〇年代、と「男はつらいよ」の旅をひそかに楽しんだ。無論、全部は歩けないが、それでも北海道から九州まで、主なロケ地は大半、旅をした。

「男はつらいよ」を「寅さんに学ぶ人生」とか「寅さんに学ぶ恋愛」といった視点で見る論者も

多いが、私は、正直なところ、そういう人生論にはほとんど興味がない。ただ、惹かれるのは、寅がどんな町を歩いたか、どんな鉄道に乗ったか、どんな風景を見たか、寅の旅にある。

三年ほど前、「新潮45」に連載した成瀬巳喜男論が終った時、当時の三重博一編集長、編集部の風元正さん、羽田祥子さん、出版部の楠瀬啓之さんが打上げの会を開いてくれた。その席で、「男はつらいよ」が好きなこと、これまでに舞台となった町の大半を旅していること、を話した。

そこから、前述したように、それでは「新潮45」で、ロケ地めぐりの旅をしたらどうですかという話になった。実に有難い話だった。出版界が厳しい状況のなかで、こんな贅沢な連載をさせてくれるとは。しかも、連載は一年をオーバーした。

この旅では、本当に小さな町まで行くことが出来た。旅先では、ロケに使われた店や家を見つけ、いきなり訪いを入れたにもかかわらず、『「男はつらいよ」のロケ地めぐりをしていまして』と言うと、皆さん、たちまち笑顔になり、撮影の思い出を語ってくれたのが何よりもうれしく、有難かった。ロケ地の人々にとって、「男はつらいよ」はいまも大事に記憶されている。

旅にあたっては、「男はつらいよ　寅さんＤＶＤマガジン」編集グループ編の『「男はつらいよ」寅さんロケ地ガイド』（講談社、二〇一二年）が大変役に立った。感謝したい。

山田洋次監督と、ロケ地選びに力のあった助監督の五十嵐敬司さんには、敬意をこめて、感謝申し上げる。

「新潮45」の元編集長、三重博一さん、沖縄への旅に付添ってくれた編集部の風元正さん（文中「T・Kさん」）、羽田祥子さん（「Hさん」）、そして、北海道から加計呂麻島まで運転手として一緒に旅をしてくれただけではなく、本書の単行本も手がけてくれた出版部の楠瀬啓之さん（「Kさん」）。皆様、有難うございました。七十歳を過ぎた独居高齢者にこんな楽しい仕事の機会を与えて下さったことに、心より感謝いたします。

川本三郎

二〇一七年四月

初出　「新潮45」二〇一四年十月号、一五年八月号〜一六年十一月号
地図作成　ジェイ・マップ

新潮選書

「男《おとこ》はつらいよ」を旅《たび》する

著　者……………………川本三郎《かわもとさぶろう》

発　行……………………2017年5月25日
5　刷……………………2024年8月10日

発行者……………………佐藤隆信
発行所……………………株式会社新潮社
〒162-8711 東京都新宿区矢来町71
電話　編集部 03-3266-5611
読者係 03-3266-5111
https://www.shinchosha.co.jp
印刷所……………………大日本印刷株式会社
製本所……………………株式会社大進堂

ISBN978-4-10-603808-2 C0395